Francisco

Guilherme Samora

Francisco

GLOBOLIVROS

Copyright © 2018 Editora Globo S. A.
Copyright © 2018 Guilherme Samora

Todos os direitos reservados. Nenhuma parte desta edição pode ser utilizada ou reproduzida — em qualquer meio ou forma, seja mecânico ou eletrônico, fotocópia, gravação etc. — nem apropriada ou estocada em sistema de banco de dados, sem a expressa autorização da editora.

Texto fixado conforme as regras do Acordo Ortográfico da Língua Portuguesa (Decreto Legislativo nº 54, de 1995).

Todas as citações bíblicas foram extraídas da *Bíblia de Aparecida*, Editora Santuário.

Editora responsável: Amanda Orlando
Editora assistente: Tamires von Atzingen
Revisão: Denise Schittine e Alessandra Volkert
Diagramação: Crayon Editorial
Capa: Rafael Nobre

1ª edição, 2018
1ª reimpressão, 2018

CIP-BRASIL. CATALOGAÇÃO NA PUBLICAÇÃO
SINDICATO NACIONAL DOS EDITORES DE LIVROS, RJ

S18f

Samora, Guilherme
 Francisco / Guilherme Samora. – 1. ed. – Rio de Janeiro: Globo Livros, 2018.
 152 p.: il.; 21cm.

 Inclui bibliografia
 ISBN 9788525065957

 1. Francisco, de Assis, Santo, 1182-1226. 2. Santos cristãos – Biografia. I. Título.

18-47402
CDD: 922.22
CDU: 929:235.3

Direitos de edição em língua portuguesa para o Brasil adquiridos por Editora Globo S. A.
Rua Marquês de Pombal, 25 — 20230-240 — Rio de Janeiro — RJ
www.globolivros.com.br

*Dedico este livro a Ritinha,
minha filha de quatro patas,
com quem aprendi o mais profundo
significado da palavra amor;
À avó Ilze, que me ensinou a rezar;
A Teresa e Rita, que me apresentaram e
contaram histórias de Francisco;
Ao meu pai, Francisco.*

Sumário

Prefácio 9
Apresentação 11

1226 13
Roupas caras e extravagantes, bebida e festas 15
As armas, o sangue e a visão 19
O rei da festa é um miserável 23
A primeira vez da veste 25
Beijando feridas 27
A voz de Cristo crucificado ou A cruz de São Damião ... 31
Francisco, o louco 35
Francisco está nu 39
A importância da humildade 43
O pano mais grosseiro que houver:
a veste como ato político 45
Francisco e a ciência 49
Os primeiros companheiros 53
Cada vez mais irmãos 57
O desprezo ao dinheiro 59
Não se preocupem com o amanhã 61
O tau, o símbolo adorado por Francisco 65

"Eu sou a galinha"............................ 69
"Eu sou a mulher pobre"...................... 71
Uma ameaça à Igreja?......................... 75
Os menores e mais humildes 77
Clara, a primeira mulher...................... 79
A amizade e o respeito com as mulheres........... 85
A importância da alegria...................... 87
O Pai-Nosso de Francisco..................... 89
Deus está nos animais........................ 93
Pelo mundo.................................. 97
O primeiro presépio 101
Crise e provação 103
O irmão Antônio............................. 105
As chagas de Cristo.......................... 107
Cântico ao irmão Sol......................... 109
Cada vez mais doente........................ 113
O santo de casa faz milagres 115
O testamento 117
Morte 123
Um pequeno corpo, uma grande santidade......... 127
Sabedoria 131
O papa que escolheu Francisco 133
Os passos de Francisco: um miniguia dos
lugares importantes para o santo................ 137
O caminho de São Francisco 141
A Oração pela paz........................... 143

Posfácio 145
Agradecimentos 147
Bibliografia................................. 149

Prefácio

Vejo Francisco como um superstar do século xiii. Pioneiro no respeito a todas as formas de vida, ousado e transgressor, tido como louco, saiu pelo mundo seguindo de perto o exemplo deixado por Jesus. Desapegando-se das honrarias mundanas da Igreja, peitou até o papa e ganhou a parada. Um belo dia, abandona a família rica e, movido por um sopro divino, parte em sua missão mística de viver na mais absoluta pobreza material, ganhando assim a riqueza espiritual dos puros de coração. A Igreja se apoderou de sua figura, mas Francisco pertence ao universo dos que percebem que o tão proclamado Reino dos Céus está na vida simples e humilde.

Sou fã de Francisco por ser o padroeiro da ecologia e grande protetor dos animais. Esse cara me representa. Francisco foi um buda iluminado que andou entre nós com sua turma de irmãos espalhando alegremente ideias revolucionárias que até hoje devem fazer corar de vergonha os bambambãs religiosos tão amantes de ouros e pedras preciosas.

Este delicioso livro do meu amigo querido Guilherme Samora mergulhou fundo nas descoladas e até recuperou para nós as poderosas palavras do testamento de Francisco, além de contar passagens interessantíssimas pouco conhecidas de sua vida, permeadas de revelações e belíssimas orações, como o "Cântico ao irmão Sol" e a "Oração pela paz".

Você, que como eu sempre teve xodó por esse homem de Deus, vai dar valor a essa aventura.

Viva Francisco, o santo porreta!

Rita Lee

Apresentação

Ele foi considerado louco em sua época. E, certamente, se sua história se passasse nos dias de hoje, seria descrito pelo mesmíssimo adjetivo. Ele jogou dinheiro pela janela, ficou nu na frente de autoridades ao negar toda a riqueza de sua família e pregava uma vida de humildade. Conversava com aves, peixes e todo tipo de bicho, seus irmãos, como os considerava.

A vida de Francisco é fascinante. Ele não deu sinais de que nasceu herói, nem cheio de ideais. Era um rapaz criado com luxos, mimado até, que foi se transformando ao longo de sua caminhada. Essa mudança não aconteceu da noite para o dia, mas foi fruto das lições da vida e dos recados sutis recebidos em sonhos, visões e até através do que muita gente chama de sexto sentido. Ele nos mostra que o luxo é a simplicidade e que, no fim das contas, seus sonhos nem são tão loucos assim: viver em um mundo pautado pela humildade e que todos os seres vivos sejam respeitados.

1226

TRÊS DE OUTUBRO DE 1226. As aves enchiam os telhados da igrejinha da Porciúncula, nos arredores de Assis, na época um pequeno vilarejo na região da Úmbria, na Itália. De repente, os pássaros começaram a cantar sem parar, com alguns deles até mesmo chegando a chacoalhar as asas para o alto. O fato trouxe a certeza entre os irmãos: Francisco havia morrido.

A cena simboliza para os companheiros de Francisco que sua alma subia aos céus com festa e alegria, passagem solenizada pelos animais que tanto amou. Ao pobrezinho italiano, como era conhecido aquele homem, certamente o canto dos pássaros era mais importante que qualquer cerimônia repleta de luxo.

Roupas caras e extravagantes, bebida e festas

São Francisco de Assis não nasceu Francisco. E também não nasceu santo. Giovanni di Pietro Bernardone chegou ao mundo no dia 5 de julho. O ano é incerto, alguns registros apontam 1181, outros, 1182. Filho de uma família rica de Assis, na Itália, recebeu o nome escolhido pela mãe, Pica Bourlemont. Ela quis homenagear Giovanni Battista — ou São João Batista. E seu pai, o mercador italiano Pietro di Bernardone, tratou de mimar o menino com tudo o que o dinheiro podia comprar.

Esse foi o ambiente em que o menino Giovanni cresceu, cercado por tudo do bom e do melhor. Experimentou todos os luxos e todos os confortos terrenos e materiais. O frade católico Tommaso da Celano, ou Tomás de Celano, que conviveu com Francisco, descreve o santo em sua juventude como sendo um jovem "frívolo e vaidoso", uma imagem muito distinta daquela do santo que se vestia com trapos rasgados, ele era admirado pelos outros rapazes por seu senso de moda: misturava tecidos, alguns extremamente raros — e, portanto, caros — que o pai vendia. O gosto por festas — e alguns exageros com bebidas — o tornava tão humano quanto qualquer mortal.

Nessa altura, ele já era conhecido como Francesco (Francisco). O nome tem a ver com a França, já que a mãe tinha origem francesa, e também com o dinheiro: o pai estava viajando para o país quando o menino nasceu e retornou encantado com a quantia que havia ganhado em suas vendas por lá. Com isso em mente, Pietro di Bernardone decidiu rebatizar o menino em homenagem à terra da qual voltou ainda mais abastado. Uma origem bem mundana para o nome do santo da pobreza e da humildade. Aliás, a popularidade desse nome, naquela época recebido com certa estranheza e hoje tão comum no mundo, começou com o jovem de Assis.

Cheio de amigos e mesmo com tantos comportamentos distantes da figura do santo que conhecemos, Francisco era frequentemente descrito como um menino de bom coração. A mãe, por sua vez, já enxergava algo de diferente no filho, que gostava de cantar e era extremamente alegre.

Em casa, falava italiano e francês. Ele, inclusive, se tornaria um apaixonado pela língua francesa. Mas não era fã dos livros... Tanto que estudou pouco e largou tudo para seguir os passos do pai. Pensava que seria um comerciante de sucesso e garantiria, assim, a continuidade dos negócios da família. Nessa época, prestou atenção pela primeira vez nos mais pobres. Uma passagem muito marcante foi quando um deles entrou na loja de seu pai e pediu:

— Uma esmola, pelo amor de Deus.

Francisco recusou. Mas logo em seguida se encheu de um sentimento de arrependimento — que interpretou como um sopro divino — e prometeu, ali, que jamais negaria um pedido em nome de Deus. Naquele momento, ele daria os primeiros sinais do Francisco que deixou sua marca na história.

Ao mesmo tempo que passou a olhar para os mais pobres, nutria um grande interesse pelas histórias de cavalaria. E, mordido por certa vaidade e para alimentar seu ego, colocou na cabeça que queria se tornar um herói para o povo de sua cidade.

As armas, o sangue e a visão

Assis estava em guerra contra Perúgia. Francisco viu ali a oportunidade perfeita: lutaria e voltaria aclamado para sua terra. Alistou-se, armou-se até os dentes e foi para o campo de batalha. Entretanto, os caminhos traçados para ele eram outros. E, em 1202, durante uma luta armada em Collestrada, foi capturado pelos rivais. Permaneceu preso por um ano.

Na cela, encheu-se ainda mais de sentimentos divinos. Conta a história que ele chegava a irritar colegas da prisão com sua fé, seu bom humor e a certeza de que um futuro melhor o aguardava. Frequentemente apartava brigas entre os outros prisioneiros. Apenas com o dom de suas palavras, o então soldado tentava promover a paz.

Em uma das tréguas nas batalhas, Francisco voltou para Assis, para a casa dos pais. E ficou muito doente. Foi a primeira vez que sua saúde mostrou-se frágil. O ano de 1204 foi inteiro marcado por muita febre e fraqueza. Começavam aí os dois problemas de saúde que o seguiram por toda a vida, relativos à visão e ao aparelho digestivo. As fortes dores na barriga e a dificuldade de alimentar-se fizeram com que ele ficasse de cama por meses. A mãe cuidava do rapaz, certa de que ele teria um grande futuro pela frente.

Já tocado pelo divino, atento aos sinais que poderia receber de seu Deus, ele teve um sonho em que se viu em um palácio magnífico, que guardava muitas armas e onde tinha uma bela noiva. Uma voz repetia seu nome. Na época, ainda com o ego inflado e se sentindo um homem especial, Francisco pensou: é uma promessa. Tudo seria dele.

Intrigado com as lanças e todas as outras armas que vislumbrou no sonho, ele alistou-se novamente em uma guerra, dessa vez na Apúlia. Movido pela vaidade, o jovem Francisco insistia mais uma vez no mesmo erro. E, assim, ele partiu, crente que iria se tornar um príncipe guerreiro. A busca por fama e fortuna foi — e ainda hoje é — uma das maiores motivações humanas. E não foi diferente para Francisco.

No longo caminho até Apúlia, ele teve outro sonho. E, dessa vez, foi como se tomasse uma chacoalhada espiritual para que mudasse de atitude. A voz, mais doce e serena, mostrou que não concordava com mais uma guerra.

— De quem tens mais a esperar, do servo ou do Senhor? — perguntou a voz.

— Do Senhor — respondeu Francisco.

— E por qual motivo, então, corres atrás do servo, em vez de servires ao Senhor?

Ele, então, perguntou o que deveria fazer.

— Volta à tua terra que te viu nascer, deves entender de outro modo a visão que tiveste.

Francisco, então, deu meia-volta. Voltou apontado por alguns, inclusive familiares, como um desertor, o que era considerado uma grande vergonha. Ele foi considerado como alguém que fugiu covardemente da guerra, porém Francisco não se importava. Algo em seu interior havia mudado para sempre.

O REI DA FESTA É UM MISERÁVEL

JÁ EM ASSIS, COMO era de costume na cidade nessa época, os jovens escolhiam um "rei" da festa. Uma brincadeira justamente para que o eleito pagasse o banquete e as bebidas. Mas teria todas as honrarias e uma espécie de cetro que marcaria sua superioridade no grupo.

Pois bem: devido ao fato de sua família ser muito rica, os amigos logo elegeram Francisco como o rei. Ele mandou preparar diversos pratos deliciosos e pagou por tudo. Os amigos se empanturraram. Dizem que beberam e comeram até vomitar e depois saíram cantando pela cidade.

Francisco caminhava logo atrás apoiado em seu cetro, observando a alegria dos amigos. Foi quando recebeu o que passou a chamar de visita do Senhor. Incapaz de falar ou de se mexer, ele declarou mais tarde em seus escritos que a doçura que sentiu naquele momento foi um dos sentimentos mais fortes de sua experiência. O título de rei da festa perdeu o sentido. Jesus Cristo, seu exemplo maior, jamais aceitou títulos grandiosos, nunca quis se vestir ou ser tratado com luxo. Ele olhou para o cetro e tudo aquilo se tornou ridículo. Francisco se sentiu envergonhado e decidiu que deveria viver com o mínimo possível, que não se importaria caso fosse comparado a um miserável.

Mesmo que soubesse o que queria para sua própria vida, ele ainda pensava: como fazer para informar para os familiares e para o mundo o seu novo caminho? E, assim, Francisco começou a realizar atos — alguns em segredo, outros diante de apenas uma ou duas pessoas — que o levariam a se tornar o Francisco que conhecemos.

Ele se retirava da cidade e, solitário em uma gruta, começava a rezar. Francisco meditava e entrava em contato com o divino. Testemunhos da época revelam que seu semblante e seu jeito de ser mudaram como que da noite para o dia, pelo menos para quem não o conhecia intimamente.

Da mãe, ele não escondia a mudança. Cheia de amor pelo filho, ela o ajudava quando Francisco recolhia todos os pães da casa durante as refeições e, depois, os distribuía para os necessitados. Muitos, já sabendo disso, passaram a bater à porta da casa da família durante o almoço e a ceia. Isso, claro, ele só fazia quando o pai não estava presente.

Os amigos e a família passaram a notar que ele comia cada vez menos. Algumas vezes, nem tocava na comida.

Quando lhe pediam algo enquanto caminhava pelas ruas de Assis, Francisco dava todo o dinheiro que porventura carregasse nos bolsos. Se não tivesse moedas, dava seus sapatos, o chapéu, toda a roupa que trouxesse no corpo.

A PRIMEIRA VEZ DA VESTE

FRANCISCO AINDA USAVA SUAS roupas de homem nobre, embora constantemente se despisse de todas elas para doá-las aos pobres que encontrava pelo caminho. Entretanto, logo sentiu pela primeira vez a vontade de usar vestes mais simples, sair de onde era conhecido e viver num povoado.

Nessa época, Francisco fez uma peregrinação a Roma, onde o destino final era a basílica de São Pedro. Lá, não só atirou dezenas de moedas para o altar, como, ao sair, avistou um grupo de pessoas pobres que pedia esmolas. O jovem teve então outro toque divino: ele deveria se juntar àquelas pessoas. Francisco tirou suas roupas nobres e trocou-as por trapos. Foi a primeira vez que ele foi visto de uma maneira próxima à da imagem que ficaria conhecida no mundo todo. Ele nunca cogitara antes vestir-se da maneira mais simples que podia. No entanto, imediatamente Francisco se deu conta do quanto isso era bom. Sem tecidos nobres, sem panos leves e macios, sentia na pele algo áspero. Porém, em sua alma, reinava uma calmaria que jamais experimentara. Ele comeu com os pobres, ajudou-os a esmolar e sentiu uma plenitude como não acontecia há tempos.

Mas, no momento em que teve que retornar a Assis, tratou de vestir novamente suas roupas de homem nobre, com vergonha do que seus conhecidos iriam pensar dele.

O fato é que ele não pertencia mais àquelas roupas e à sua casa confortável.

Beijando feridas

— Francisco, Francisco! Tudo o que desejaste até agora, segundo as vontades de tua carne, terás que desprezar se quiseres conhecer a minha vontade — ouviu o jovem durante uma de suas meditações.

Para ele, esse era um recado claro de Deus, que continuou:

— Quando isso acontecer, aquilo que te encantava se tornará insuportável. Enquanto no que te causava horror, colherás paz e doçura.

Os medos fazem parte da nossa natureza humana. E um dos maiores temores do jovem Francisco era a lepra. Hoje, os termos *lepra* e *leproso* caíram em desuso, sendo a doença chamada de hanseníase, mas, na época de Francisco, apenas mencionar uma dessas duas palavras já era o suficiente para causar calafrios nas pessoas, uma vez que a hanseníase é uma doença altamente contagiosa. Quem sofria desse mal era afastado do convívio social até encontrar, por fim, a morte. Os doentes viviam em vales, em casebres afastados — as leprosarias. Os familiares de quem tinha a doença deixavam comida na porta de tempos em tempos e se esqueciam daqueles que lá padeciam.

Parte da sociedade da época, Francisco cresceu com o fantasma de ser infectado. Morria de medo de contrair a doença e tinha um certo nojo ao avistar, ainda que de longe, quem a tivesse. E foi o que aconteceu certo dia: Francisco viu um doente nos arredores de Assis, quando estava indo vender mercadorias para o pai. O primeiro ímpeto foi mudar de rota e passar bem longe daquele homem. Mas, então, lembrou-se das palavras que escutou em suas orações e caminhou lentamente ao encontro do doente, que estendeu a mão, pedindo esmola. Francisco tomou a mão do desconhecido, beijou-a e lhe entregou uma moeda. Em outras versões dessa mesma história, ele teria beijado a face e até a boca do doente.

Francisco seguiu o seu caminho em paz, mas a imagem não saía de sua cabeça. Juntou mais dinheiro e decidiu visitar uma leprosaria. Reuniu todos os moradores do lugar, distribuiu moedas e beijou a mão de cada um. E não parou por aí. Muitos escritos mostram que ele passou a visitá-los com frequência e beijava até as feridas, cheias de pus, em sinal de seu amor e humildade. Estava tomado pela paz e a doçura. Como a voz havia prometido.

"Deus, nosso Senhor, quis dar a sua graça a mim, o irmão Francisco, para que eu começasse a fazer penitência. Quando eu estava em pecado, me era insuportável olhar para os leprosos, mas o mesmo Senhor, um dia, me conduziu ao meio deles e com eles tive misericórdia. E, ao afastar-me deles, o que antes me parecera amargo converteu-se para mim em doçura de alma e de corpo. Em seguida, passado um pouco de tempo, saí do mundo", conta Francisco no trecho inicial do *Testamento*, um dos escritos deixados por ele.

Algumas visões, consideradas tentações do demônio, entretanto, tentavam tirar a paz e a doçura de Francisco. Em uma delas, uma figura de uma mulher doente e "monstruosamente corcunda" de Assis, descrita assim nos relatos da época, apareceu para ele. E a ameaça foi clara: ou você para de seguir o caminho da fé ou vai terminar como ela. Francisco não se abalou e manteve-se firme no caminho.

A voz de Cristo crucificado ou A cruz de São Damião

Em suas andanças, Francisco avista uma pequena igreja em ruína. Ele decide entrar e rezar diante de um crucifixo e fixa o olhar no Cristo retratado. A imagem começa a mexer os lábios:

— Francisco, vai e repara a minha casa que está em ruínas.

O pedido de reconstrução da igreja por Cristo, hoje, pode ser interpretado como algo maior: uma missão dada a Francisco para que ajudasse a levar a fé pelo mundo. Na época, ele juntou o que tinha, pegou algumas mercadorias da loja do pai e vendeu tudo. Em seguida, Francisco retorna à igrejinha. Dessa vez, ele encontra um sacerdote de aparência pobre e roupas rasgadas.

— Me deixe ficar — pede Francisco, que conta ao homem o desejo de servir a Cristo.

O sacerdote, porém, fica receoso e teme que aquele seja apenas um rompante do jovem, que era conhecido na cidade. Após muita insistência, o sacerdote deixa que ele fique, mas recusa o dinheiro. Francisco, para mostrar seu desprezo pelos bens materiais, joga todas as moedas por uma janela.

Pouco depois, já vivendo naquele templo pequeno e humilde, ele começa a reconstruir a igreja, uma vez que estava decidido a fazer o que Cristo crucificado havia pedido.

Desde 1260, o crucifixo de São Damião, protagonista dessa visão de Francisco, é guardado como uma das mais importantes relíquias da história do santo. A autoria é de um artista italiano anônimo do século XII. Atualmente, está na basílica de Santa Clara, em Assis, e é adorado por peregrinos e admiradores de todo o mundo, que visitam a cidade natal de Francisco.

Cheia de simbolismo, a cruz de São Damião mostra Jesus crucificado, porém ainda vivo. Ele está com os olhos abertos e apenas na representação de suas chagas é que se vê sangue. No topo da pintura, Jesus é novamente retratado, subindo aos céus, com anjos felizes, sendo aguardado pela mão de Deus. Maria Madalena aparece junto à cruz. Segundo estudos, por sua mão no queixo e semblante tranquilo, ela já sabia da ressurreição de Cristo. Maria de Cléofas também é retratada, demonstrando sua admiração por Ele. As duas representam as mulheres que se mantiveram ao lado de Jesus durante a crucificação.

Acredita-se que, entre as figuras pequenas e sem auréola, estão os algozes, entre eles, São Longino, ou Longuinho.

Sim, o popular santo que é chamado para ajudar a encontrar objetos perdidos é o soldado romano que transpassou o coração de Jesus com uma lança. Anos mais tarde, ele se converteu e tornou-se santo.

Aos pés da imagem, ainda há várias figuras, algumas apagadas pelo tempo, entre elas São Pedro e São Paulo.

Francisco, o louco

Com o sumiço do filho, o pai passou a procurar Francisco. Enquanto morava na pequena igreja, o jovem ficou sabendo que Pietro havia convocado amigos, vizinhos e familiares para buscá-lo. Julgavam-no louco. Como iria deixar o luxo de sua casa, o conforto de sua cama e a comida bem preparada para viver em um lugar imundo, em ruínas?

Sentindo-se em perigo, Francisco se escondeu em uma caverna escura. Ficou lá por um mês inteiro. Apenas uma única pessoa conhecia o local e levava comida para ele vez ou outra, já que jejuava constantemente. Rezou. Pediu coragem para que pudesse vencer aquela batalha e seguir com sua fé. Então saiu da caverna. A luz cegou seus olhos por alguns momentos. Estava ainda mais magro. E, desse jeito, Francisco caminhou até a cidade.

Assim que sua figura foi vista, as pessoas começaram a gritar:

— Louco! Ele está louco!

— Olhem o maluco!

— Que grande tolo! Foi isso o que Francisco se tornou. Ele nunca me enganou.

Os xingamentos aumentavam, porém Francisco não lhes deu atenção e continuou a caminhar com a mesma coragem. Nem quando começaram a atirar pedras, lama e o que estivesse à mão, como sujeira e excrementos, ele se abateu. Encontrou naquilo tudo uma forma de penitência.

Se antes já teve vergonha de aparecer na frente dos conhecidos como um homem de Deus, agora queria mais é que todos soubessem. Suas vestes se reduziam a trapos. A cara era de fome. O pai soube do escândalo que a presença do jovem causava em Assis e foi ao seu encontro.

Os textos da época contam que o olhar de Pietro era de total repulsa pelo filho, demonstrando até mesmo um certo ódio. Ele agarrou o jovem e o arrastou para casa. Pietro havia se convencido de que Francisco se tornara um lunático. Seu filho precisava de ajuda.

Francisco foi enclausurado em uma pequena cela, de forma que seus dias passaram a ser escuros e solitários. Pietro tentou primeiro curar a "loucura" do menino com palavras. Mesmo assim, Francisco continuava a agradecer a Deus, seu pai verdadeiro. Enfurecido, Pietro passou a aplicar no filho castigos físicos, chicoteando-lhe e lhe dando pauladas. E o algemou. Nem se mover mais Francisco podia. Ainda assim, ele continuava a agradecer pelo sofrimento, como se aquilo fosse, mais uma vez, uma penitência. E o pai, vendo todas aquelas cenas, só podia pensar que o filho estava realmente maluco.

A mãe, por sua vez, sofria. Ela se lamentava pelo filho e sentia em sua própria carne cada pancada que Francisco recebia. Pica vivia em prantos. Acreditava na fé do rapaz, mas não queria entrar em conflito com o marido. Deu graças a Deus quando Pietro teve que partir em uma longa viagem de negócios. Ela entrou na cela do filho e o encheu de palavras carinhosas, demonstrou amor e piedade. E o jovem a convenceu de que seu caminho era mesmo o da fé, de que não poderia mais viver naquela casa. Tocada, ela o soltou das algemas e abriu a porta.

— Vai, meu filho.

E, assim, Francisco voltou à igrejinha de São Damião.

Francisco está nu

Quando voltou à cidade, Pietro descobriu que o filho tinha sido solto por sua mãe e a encheu de insultos. Uma grande crise se instaurou na família. Pica ainda tentou convencer o marido a deixar o filho em paz, mas não obteve nenhum sucesso.

Pietro saiu furioso atrás de Francisco, chegando até a igreja de São Damião, e viu que Francisco estava reformando o local.

Tomado pela fúria, Pietro afirmou que tudo aquilo era obra do dinheiro dele. Francisco tentou argumentar, dizendo que conseguira dinheiro pedindo esmolas nas ruas. E que até mesmo o azeite usado como combustível para as lamparinas era doação, que ele pedia nas casas da vizinhança.

O sacerdote da igrejinha resolveu então entrar na discussão e explicou que Francisco até chegou ali com algum dinheiro, mas havia jogado tudo pela janela. Pietro vai até o local apontado pelo homem, do lado de fora do templo, e se abaixa, a ponto de quase se esfregar no chão, para recuperar suas moedas.

Contrariado e com o dinheiro nas mãos, Pietro decide largar Francisco na igrejinha e fazer uma queixa para as autoridades da cidade. Os homens da lei, entretanto, consideraram que o jovem estava servindo a Deus e que, por isso, a jurisdição do caso seria do bispo de Assis, dom Guido. Pietro, então, foi até o bispo, afirmando que o filho estava louco e iria consumir todo o seu patrimônio. Após pensar um pouco, dom Guido decidiu marcar uma espécie de julgamento, no qual pai e filho estariam cara a cara, esperando que ambos se entendessem.

No dia marcado, para provar que nada queria da riqueza do seu pai, Francisco protagonizou uma das mais lembradas e importantes cenas de sua trajetória: tirou toda a roupa do corpo, ficando completamente nu na frente de todos, e as entregou ao pai. Segundo Tomás de Celano, frade da Ordem dos Franciscanos e considerado um dos principais biógrafos de São Francisco, nesse momento se viu que, por baixo das vestes coloridas, o homem de Deus trazia um cilício, uma espécie de cinta coberta por pontas de ferro, com que castigava sua própria carne como uma forma de penitência.

Indo além desse gesto, Francisco renegou também o pai com palavras fortes:

— Até agora, chamei-te meu pai, mas de agora em diante direi sem medo: "Pai nosso que estais no céu", pois foi a Ele que confiei meu tesouro e Nele depositei minha fé.

O bispo, emocionado com a devoção do jovem, envolveu Francisco com seu manto e pediu que trouxessem algo para que ele vestisse. Segundo se conta, ele recebeu um manto de um dos camponeses que estava a serviço da igreja e foi embora, agradecido.

Dom Guido, tocado por tudo o que havia presenciado, passou a proteger Francisco, em quem via uma pureza infantil, e tentava orientá-lo da melhor forma possível. Porém, assim como a pureza, o jovem também tinha a energia de uma criança e a certeza de que deveria seguir Seu chamado sem se importar com mais nada. Só devia obediência ao seu Deus.

A IMPORTÂNCIA DA HUMILDADE

FRANCISCO DEIXOU MUITOS LEGADOS. Um deles é a importância que dava à humildade. Mais do que isso, ele ansiava viver na mais absoluta pobreza. Já mudado, não mediu esforços para isso.

Francisco jejuava dias e noites, pedindo perdão para o que chamava de "vida de pecado" que levou antes da conversão total. Ele passava de casa em casa pedindo esmolas para suas obras — como a reforma da igreja de São Damião — e restos de alimentos. Fazia uma mistura com as pequenas porções de comidas que conseguia e esse era o seu alimento de todos os dias, pelo qual ele agradecia aos Céus.

Quando estava alegre, Francisco gostava de falar e cantar em francês. Achava a língua linda. Certa tarde, cantarolava por entre as árvores quando ladrões o cercaram, o espancaram e o jogaram numa vala gelada, repleta de neve. Ele conseguiu sair do local depois de fazer um grande esforço e, mesmo ferido, voltou a cantar pela floresta.

Ao receber xingamentos e olhares de reprovação pelas ruas, Francisco respondia com um "graças a Deus!". E as pessoas que antes o julgavam geralmente ficavam desconcertadas.

Entretanto, a pessoa que mais desaprovava Francisco era seu próprio pai. Pietro sentia um misto de vergonha e de pena ao ver o filho passar fome ou sofrer com o frio. Porém, em vez de ajudá-lo, passou a maldizer o jovem, rogando-lhe pragas.

Uma das histórias que se conta é a de que Francisco sentia o peso dessas pragas proferidas por seu pai e logo arrumou um jeito de combatê-las: pediu a um pobre que o admirava, a quem sempre dava esmolas e comida, que fosse seu "pai escolhido na terra". E sempre que o pai biológico o almadiçoasse, o pai escolhido iria até ele e o abençoaria, anulando, assim, aquele desejo maldoso. Sim, Francisco era um homem místico e levava a sério muitas lendas e crenças, em especial aquelas segundo as quais as maldições proferidas pelo pai ou pela mãe causavam um efeito muito mais forte do que as rogadas por outras pessoas.

O PANO MAIS GROSSEIRO QUE HOUVER: A VESTE COMO ATO POLÍTICO

FRANCISCO TINHA ACABADO DE restaurar a igreja de São Damião. Ele colocava a mão na massa e logo reuniu um grupo de ajudantes, pessoas que foram se juntando a ele e o admiravam cada vez mais. Muitas vezes, distribuía os trabalhos falando em francês. Ao terminar as obras, passou a reformar outras igrejas, morando em seu interior enquanto trabalhava. Pensava que deveria continuar os planos de Deus, atendendo ao pé da letra aquele pedido de reformar a casa de Cristo.

Nessa altura, ele não usava mais as roupas que considerava mundanas e sim um hábito de túnica dupla, um bastão, cinto e sapatos. Em uma missa, enquanto o sacerdote em seu sermão falava sobre as pregações de Cristo, aprendeu que Ele recomendava aos seus discípulos: nada de levar prata ou ouro, nem mesmo uma bolsa ou pão. Nada de bastão e nem de calçados, muito menos túnicas.*

Naquele momento, com o coração tomado de alegria, Francisco descobriu que era aquilo o que desejava para sua vida. Foi assim que nasceu a figura lendária de Francisco como o reconhecemos: descalço e vestindo uma túnica humilde, confeccionada com o tecido mais grosseiro que houvesse e presa por uma corda em sua cintura. Quando o pano rasgava, ele o costurava com fibras naturais, que encontrava pelas florestas durante as suas andanças. Sua admiração por Jesus fazia com que quisesse aproveitar cada vez mais o estilo de vida pregado por Ele.

Aos irmãos que o seguiriam um pouco mais tarde, Francisco deixaria uma regra: "Não desejem roupas caras neste século, a fim de poderem receber no Reino dos Céus as vestes da imortalidade e da glória". A veste se tornara, mesmo sem querer, um símbolo, uma representação de um estilo de vida e, até mesmo, um ato político. Era importante para ele que, logo que o avistassem, já soubessem que era uma figura despojada da matéria. Por mais simples ou sem instrução que o próprio Francisco se considerasse, ele certamente entendia que andar daquele modo deixava claro não só sua filosofia de vida como sua grande inspiração: Jesus Cristo.

A figura do homem descalço, com a túnica puída, começou a conquistar cada vez mais pessoas pelo caminho. "A palavra era nele como fogo devorador: penetrava no

---

* Mc 6,9.

âmago dos corações, provocando o entusiasmo de todos", descreve Tomás de Celano. Suas pregações sempre começavam com a frase "O Senhor vos dê a sua paz!". Essa saudação, dizia Francisco, foi uma revelação divina.

Alguns escritos e testemunhos da época revelam que sua primeira pregação foi na igreja de São Jorge, em Assis. Anos mais tarde, logo após sua morte, seu corpo seria enterrado no mesmo local onde atualmente está a basílica de Santa Clara.

Francisco e a ciência

É NATURAL QUE UMA figura tão fascinante como Francisco seja tema de estudos e pesquisas que, de alguma forma, tentam provar a veracidade das relíquias atribuídas a ele. E as vestes de pano grosseiro que atravessaram o tempo e que hoje são consideradas uma de suas marcas registradas se tornaram verdadeiros tesouros. Tudo isso, claro, se transformou em alvo dos cientistas.

É esse o caso de uma túnica e de uma almofada que, segundo estudos recentes, são da época de Francisco e que hoje estão guardadas na basílica de Cortona, na região da Toscana, bem no coração da Itália. De acordo com a basílica, a almofada bordada serviu para que Francisco repousasse a cabeça em seu leito de morte. "A túnica e a almofada de Cortona foram consideradas compatíveis com o período em que São Francisco viveu", apontam laudos de uma pesquisa comandada pelo físico italiano Pier Andrea Mandò, do Laboratório de Física Nuclear de Florença. Os cientistas retiraram pedaços do tecido e em seguida aplicaram a técnica de datação por carbono-14, na qual a medição dos valores determina a idade dos objetos. O mesmo estudo, entretanto, atesta que outra túnica, a que está na basílica da Santa Cruz, em Florença, não bate com a época em que Francisco viveu, embora a corda usada como cinto seja. As duas outras túnicas atribuídas a Francisco encontram-se em igrejas de Assis e Arezzo, porém não foram incluídas nos testes.

A ciência também busca atestar, na medida das suas possibilidades, parte dos milagres e atos incomuns atribuídos ao santo. Um deles é a antiga lenda que atravessou séculos, de que Francisco, com a ajuda de um anjo, matou a fome de dezenas de irmãos que viviam no mosteiro de Folloni, perto da comuna italiana de Montella. Era o ano de 1224, os frades sofriam com um rigoroso inverno e o alimento se tornava cada vez mais escasso. Francisco — que fundara o monastério dois anos antes — estava fora, em uma missão na França, mas teria sentido que os irmãos passavam por necessidades e, por meio de um anjo, um saco repleto de pães apareceu na porta do mosteiro.

Por se tratar de uma história espetacular, um milagre realizado por Francisco ainda em vida, o saco foi preservado. Pelo menos parte dele foi usada como toalha para o altar durante séculos. Alguns pedaços foram cortados, e diversas pessoas afirmaram ter alcançado milagres de cura após receberem retalhos desse pano. O mosteiro foi destruído por um terremoto em 1732, de forma que o que restou do saco foi resgatado e enviado a uma igreja. O lugar foi reconstruído e, passados mais de dois séculos, em 1999, o tecido voltou ao seu local de origem.

Em 2017, um pedaço do saco foi analisado por uma equipe de cientistas composta por pesquisadores dinamarqueses, holandeses e italianos, que constatou, por meio da datação com carbono-14, que o tecido é da época que conta a lenda, confirmando parte do mito.

Comandados por Kaare Lund Rasmussen, da Universidade do Sul da Dinamarca, os pesquisadores descobriram, também, que o saco provavelmente esteve em contato com pão, já que foram encontrados traços de ergosterol, fungo geralmente utilizado na panificação.

Os primeiros companheiros

DE LOUCO, FRANCISCO PASSOU a ser conhecido por muitos como um sábio. Dois anos depois de sua conversão total, alguns já o seguiam. Seu primeiro seguidor foi um homem chamado Bernardo di Quintavalle, dono de uma personalidade marcante e que entendia como poucos suas ideias. Ele experimentou em sua vida pregressa um certo nível de luxo e conforto, assim como Francisco teve um dia, e olhava com curiosidade e admiração o trabalho daquele homem que restaurava igrejas em ruínas, vestia-se como os mais pobres, distribuía alimentos aos necessitados e pregava com fervor. Bernardo costumava hospedar Francisco em sua casa e, certo dia, teve a iluminação de que deveria viver como o amigo, ao lado dele.

Assim que tomou sua decisão, Bernardo procurou Francisco e lhe disse que todos os bens que possuía pertenciam a Deus e que era chegada a hora de devolvê-los a Ele. Francisco pediu a Bernardo que o acompanhasse até uma igreja, onde consultariam o Livro dos Evangelhos. À dupla, juntou-se outro homem, chamado Pedro Cattani, que seguiria o mesmo caminho. Provando mais uma vez sua personalidade mística, Francisco lhes explicou que a resposta viria através das Escrituras. Os três rezaram. Francisco abriu o livro diante do altar e leu o seguinte versículo: "Jesus olhou para ele com amor e disse-lhe: 'Falta-te apenas uma coisa: Vai, vende tudo o que tens e dá o dinheiro aos pobres e terás um tesouro no céu. Depois vem e segue-me'.".*

— Graças a Deus — disseram Pedro e Bernardo, agradecendo ao Divino pela revelação.

Francisco, entretanto, ainda sentia que precisava do apoio da Santíssima Trindade — o Pai, o Filho e o Espírito Santo —, por isso, abriu o Livro Sagrado mais duas vezes, recitando dois outros trechos: "Não leveis nada para a viagem: nem bastão, nem sacola, nem pão, nem dinheiro, nem tenhais duas túnicas"** e "Jesus disse a seus discípulos: 'Aquele que quiser seguir-me renuncie a si mesmo, carregue sua cruz e me siga'.".***

Anos mais tarde, Francisco relembrou esse momento em seus escritos: "E depois que o Senhor me deu irmãos, ninguém me mostrou o que eu deveria fazer, mas o Altíssimo mesmo me revelou que eu deveria viver segundo a forma do santo Evangelho".

---

* Mc 10,17-31.
** Lc 9,3.
*** Mt 16,24.

Pedro e Bernardo pediram permissão para usar a mesma vestimenta de Francisco e a partir daquele momento passaram a ser companheiros em sua caminhada.

Antes um homem rico, Bernardo vendeu tudo o que tinha e distribuiu o dinheiro aos pobres de Assis. No momento em que repartia sua riqueza, Silvestre, um homem que havia vendido pedras a Francisco quando ele restaurava a igrejinha de São Damião, chegou mais perto para testemunhar a cena. Segundo se conta, ele queria a todo custo um pouco daquelas moedas e, tomado pela ganância, reclamou que Francisco havia pagado muito pouco pelo material que comprara dele.

— Estamos quites agora? — perguntou Francisco, ao dar duas mãos cheias do dinheiro a Silvestre.

Dias depois, Silvestre se arrependeu de sua ganância e procurou Francisco para pedir desculpas.

Cada vez mais irmãos

Francisco não tinha onde morar. Ele e os dois irmãos construíram então uma cabana próxima à igreja de Santa Maria da Porciúncula, que na época estava abandonada e que ele também reformou. Lá, Gil, outro homem de Assis, pediu permissão para seguir em sua companhia.

Francisco via o seu ideal florescer e achou que era hora de expandir suas crenças por outros territórios. Dividiu os irmãos em grupos de dois homens e cada um tomou seu caminho. Com Gil, ele seguiu para além das fronteiras de Assis. Atravessaram povoados minúsculos e grandes cidades, sem fazer nenhum tipo de distinção, onde pregavam que as pessoas deveriam amar a Deus e fazer penitência para pagar por seus pecados.

Claro que nem tudo foi fácil. Francisco e seus irmãos eram chamados de lunáticos. Afinal, o que queria aquele bando de esquisitinhos com aquele papo de ouvir o que Deus deseja lhes mostrar?

— São loucos — diziam uns.

— Escutem só o que eles dizem! São verdadeiros lunáticos, só podem estar bêbados — apostavam outros.

— Devem ser ladrões — alguns acusavam.

— Que vida desgraçada que esses aí escolheram levar — afirmavam outros tantos.

Para Francisco, os xingamentos não eram novidade. Já tinha vivido aquilo tudo. Grande parte dos habitantes de cada local não só fazia piada como também lhes atirava pedras e barro. Segundo registros da época, o povo, enraivecido, chegava até a puxar os cabelos de Francisco e de seus seguidores.

Durante uma fria noite de inverno em Florença, Francisco e Gil quase morreram de frio. Para tentarem se aquecer um pouco, pediram abrigo na casa de uma senhora. Ela negou, mas deixou que ficassem na parte de fora, perto de um forno a lenha, pois, como disse mais tarde ao marido, de lá não poderiam roubar nada.

No dia seguinte, ela os encontrou na missa, felizes e cantando. Também os viu pedindo alimentos e chamou a sua atenção o fato de negarem quando lhes ofertaram dinheiro. Explicaram que não pertenciam a nenhuma ordem religiosa, que todos eles tiveram bens em abundância no passado e que optaram pela pobreza. Ela pediu desculpas por achar que poderiam ser ladrões e colocou sua casa à disposição. A dupla, entretanto, recusou educadamente a oferta, pois tinha que seguir seu caminho.

O DESPREZO AO DINHEIRO

ENTRE TANTOS JULGAMENTOS, HAVIA aquelas pessoas que ouviam, simpatizavam e os respeitavam. Tanto que, na volta para Santa Maria da Porciúncula, mais três irmãos, Sabatino, Morico e João da Capela, pediram para se juntar ao grupo.

Para viver, pediam esmolas. A grande maioria não entendia como eles renegaram todos os seus bens, venderam e distribuíram tudo o que tinham, para mendigar. Dom Guido, o bispo que era o conselheiro e o ombro amigo de Francisco, teria lhe dito uma vez:

— Vossa vida parece-me muito dura. É difícil não possuir nada.

— Senhor bispo, se tivéssemos bens, iríamos precisar de armas para defendê-los. É da riqueza que provêm as discussões e as brigas; é ela que cria tantos obstáculos ao amor de Deus e ao próximo. Por isso, não queremos possuir nenhum bem mundano.

Se antes os leprosos eram a agonia e o medo de Francisco, agora o dinheiro havia se tornado sua maior repulsa, o principal alvo do seu desprezo.

Não se preocupem com o amanhã

Quanto mais irmãos chegavam, mais o amor entre eles aumentava. Documentos históricos relatam que eles cuidavam uns dos outros e começaram a se dividir nas tarefas: aquele que cozinhasse melhor ficava na cozinha; os que possuíam aptidão para os trabalhos manuais se responsabilizavam pela construção de mosteiros e pela reforma das igrejas; outros, por sua vez, ficavam na faxina, tratando de deixar em ordem o local onde o grupo estava vivendo naquele momento.

Exemplo de carinho e de fidelidade foi a relação entre Francisco e Leão, um de seus primeiros irmãos, para quem o santo deixou uma carta. Com alguns erros de gramática — o próprio santo se dizia "iletrado e ignorante" —, o texto é afetuoso e tornou-se famoso porque nele Francisco diz que, graças ao seu carinho e cuidado para com o irmão, sente como se fosse uma mãe para ele. O manuscrito dessa carta é considerado uma das grandes relíquias do santo e, atualmente, encontra-se arquivado na catedral de Espoleto.

Segue o emocionante texto escrito de próprio punho pelo santo:

Frei Leão, teu frei Francisco (te deseja) saúde e paz. Assim te digo, meu filho, como uma mãe: porque todas as palavras que dissemos no caminho, quero dispor em breve essas palavras e aconselho, e se depois te parecer oportuno vir a mim por causa de conselho, porque assim te aconselho: de qualquer modo que te parecer que agrada ao Senhor Deus, e seguir seus vestígios e pobreza, que o faças com a bênção de Deus e minha obediência. E se te for necessário para tua alma ou por alguma outra consolação tua, e quiseres vir a mim, Leão, vem!*

Unidos por doses generosas de carinho e amor, os irmãos se tornaram uma verdadeira família. E, como tal, defendiam-se, alegravam-se juntos e, é claro, chegavam a discutir de vez em quando. Nessas ocasiões, entretanto, pediam perdão aos Céus e ao irmão ofendido. Não podiam se recolher sem o perdão, nem permitir que um irmão fosse dormir sentindo-se triste.

Preceitos como esses podem parecer simples, mas até hoje são muitas vezes difíceis de serem aplicados à vida cotidiana. Um bom exemplo disso é essa premissa aparentemente tão simples — mas na verdade muito complexa — de não ir dormir brigado com ninguém. Certamente, a vida seria muito mais tranquila.

---

* Tradução livre da carta de Francisco a Leão, exposta na catedral de Espoleto.

Outra ideia atualmente muito difundida em livros e palestras de autoajuda era fundamental a Francisco: viver o hoje.

— Não vos preocupeis com o dia de amanhã — dizia, citando o Evangelho.*

Francisco levava essa premissa tão a sério que os irmãos cozinhavam apenas o suficiente para um único dia. Jamais adiantavam o preparo das refeições e não faziam nada além do que seria consumido de imediato. Não havia sobras, nem nenhum tipo de desperdício.

Levavam a sério o respeito aos animais e olhavam com desconfiança quem não o fizesse, afinal, quem não respeitasse um bicho estaria desrespeitando uma criação divina. Nada mais atual, não é mesmo?

Outro fato considerado terrível por Francisco e seus companheiros era a fofoca. Ele afirmou diversas vezes que se não tivesse algo bom para falar sobre alguém, que não falasse nada. E mais: ele combatia o ego como quem combate o diabo.

Ensinamentos importantes deixados para nossos dias.

* Mt 6,25.

A cidade de Assis, na Itália.

A cruz de São Damião. Foi nela que o pobrezinho de Assis teve a visão de Cristo pedindo que sua igreja fosse reconstruída.

Obra do pintor espanhol Bartolomé Esteban Murillo, que representa as visões de Francisco com Jesus Cristo, seu exemplo maior.

A igrejinha da Porciúncula, a qual Francisco reformou e em seus arredores ele morreu. Hoje, ela fica dentro da Basílica de Santa Maria dos Anjos.

Uma das cenas mais conhecidas da vida de Francisco, quando ele fica nu diante de autoridades para negar toda a fortuna de sua família. Pintada por Giotto em 1320, essa obra de arte está na Basílica de Santa Cruz, em Florença, na Itália.

Carta de Francisco ao frei Leão — o santo costumava escrever aos irmãos mais queridos.

Convento de São Damião, onde Clara viveu e morreu e onde Francisco compôs o "Cântico ao irmão Sol".

Fonte Colombo, local em que Francisco escreveu as Regras seguidas por sua Ordem até hoje.

Ilustração de Francisco com o feroz lobo Guido, com quem fez um trato de paz. O animal passou então a conviver pacificamente com os moradores das redondezas.

A cripta com o túmulo do santo na Basílica de São Francisco de Assis.

O TAU, O SÍMBOLO
ADORADO POR FRANCISCO

O GRANDE SÍMBOLO DE Francisco e de seus irmãos era o tau, uma cruz em formato de T, geralmente feita de madeira, que eles sempre levavam pendurada no pescoço em um cordão atado por três nós. Francisco desenhava o símbolo no barro do chão, nas casas, nas paredes, nas árvores. Era uma espécie de grafite da época, que assinalava a passagem do santo pelos locais. Ele também assinava cartas e documentos e abençoava pessoas com o símbolo. Muitos dos milagres atribuídos a Francisco eram operados através do tau.

O tau é a última letra do alfabeto hebraico e a décima nona letra do alfabeto grego. Foi escolhido por Francisco não só por se parecer com uma cruz, mas por ser um sinal importante já no Antigo Testamento, conforme está no Livro de Ezequiel: "O Senhor disse: passa em meio à cidade, em meio a Jerusalém, e marca um tau na testa dos que suspiram e choram".* O sinal era uma marca divina. "Matai idosos, rapazes e moças, crianças e mulheres, até aniquilar a todos. Mas não toquem em ninguém que tenha recebido o sinal da salvação".**

Claro que, além da salvação divina, Francisco relacionava o tau à cruz e ao sofrimento de Cristo. Desde o início, o exemplo de Jesus é o mais forte para ele e é natural que sua representação mais usual de acordo com a tradição católica, a cruz, torne-se também uma homenagem. Os três nós do cordão lembram os lemas dos franciscanos: obediência, pobreza e pureza de coração. Popularmente, o tau é mais conhecido como cruz de Francisco ou até cruz de Santo Antônio, já que o santo considerado casamenteiro também era franciscano.

O tau geralmente é relacionado à cor marrom por ser confeccionado em madeira por Francisco e seus seguidores. A explicação da escolha da madeira é a simplicidade do material, tão simples quanto o estilo de vida dos franciscanos. Entretanto, quando o desenhava por onde passava, Francisco usava a cor vermelha. Descobertas arqueológicas confirmam as inscrições do tau nas paredes de diversas cidadelas italianas. É o caso da capela de Santa Madalena, no santuário franciscano de Fonte Colombo, em Rieti. Lá, durante uma restauração, foi encontrado o tau — pintado em cor vermelha e hoje protegido por uma placa de vidro —, próximo a uma janela. A pintura, comprovadamente da época de São Francisco, é atribuída a ele.

* Ez 9,4.
** Ez 9,6.

O sinal também marcou os milagres atribuídos a São Francisco, como comprova o texto a seguir, extraído do *Tratado dos milagres*, escrito por Tomás de Celano entre 1254 e 1257, uma coletânea de relatos sobre as aparições, curas e intervenções do santo, em vida e logo depois de sua morte:

> *Um morador de Cori, na diocese de Óstia, tinha perdido por completo o movimento de uma perna, por isso não podia caminhar nem mover-se. Mergulhado em profunda tristeza e sem esperança do auxílio dos homens, pôs-se uma noite a narrar as suas desgraças diante de São Francisco, como se o estivesse a vê-lo:*
> *— Ajuda-me, São Francisco! [...] Fui sempre teu devoto, sempre te quis bem, mas agora, como vês, estou condenado a morrer com estas dores insuportáveis.*
> *Aparece o santo, na companhia de um irmão, à cabeceira do infeliz que não conseguia dormir. Diz-lhe que está ali chamado por ele e que lhe traz o remédio que o vai curar. Toca-lhe no local da dor com um pequeno bastão, em cuja extremidade se vê o sinal do tau, e instantaneamente a ferida é curada.*
> *Recobrada a saúde, ainda hoje se pode ver o sinal do tau no lugar onde o santo lhe tocou.*

"Eu sou a galinha"

Em 1209, onze irmãos seguiam Francisco. Ele começou então a pensar em como poderia proteger sua família. Certa noite, teve um sonho: viu uma galinha pequena, do tamanho de um pombo, e escura. Sua ninhada, porém, era tão grande que suas asas não conseguiam abrigar todos os filhos.

— Eu sou a galinha, pequeno de estatura e de pele morena — concluiu Francisco. — Voando com a inocência do pombo, quanto menos a galinha aparecer neste mundo, mais livre ela será. Os pintinhos são os meus irmãos, crescidos em número e graça, a quem não bastarão as minhas pobres forças para abrigá-los das calúnias e perseguições.

Francisco também se deu conta de que estava na hora de ter o reconhecimento da Igreja, de forma que disse aos seus seguidores:

— Irmãos, vejo que o Senhor, na Sua misericórdia, quer aumentar o nosso grupo. Vamos, portanto, ao encontro da nossa mãe, a Santa Igreja Romana. Daremos a conhecer ao Soberano Pontífice o que o Senhor operou, servindo-se de nós, para prosseguirmos, segundo a Sua vontade e as Suas ordens, a obra começada.

E assim partiram para Roma, com Bernardo assumindo o papel de chefe da peregrinação. Lá, encontraram-se com dom Guido, que, por sua vez, os colocou em contato com o bispo de Sabina, João de São Paulo, que não só os acolheu como conseguiu uma audiência com o papa Inocêncio III.

"Eu sou a mulher pobre"

Diversos documentos históricos mostram que o encontro com o papa Inocêncio não foi dos mais fáceis. Ele teria ouvido intrigado a história daqueles moços, mas considerou o modo de vida que levavam muito difícil. Quem, afinal, iria seguir aqueles passos? Entre o grupo de cardeais que lá estava também reunido, alguns literalmente torceram o nariz para Francisco e seus irmãos, chegando a ridicularizá-los por conta de seus trajes humildes e do mau cheiro que exalava de seus corpos.

Entre as diversas versões do que ocorreu durante aquele encontro, existem até mesmo algumas que carregam nas doses de drama, como a que descreve que o papa, com roupas luxuosas, teria sentido repulsa por Francisco e dito que ele mais parecia um porco, ordenando que pregasse em um chiqueiro, onde estavam os seus verdadeiros irmãos. Francisco teria então saído da sala de reunião em busca de um chiqueiro, onde entrou, se sujou de lama, pregou para os animais que lá estavam e em seguida, do jeito que estava, retornou para o palácio papal. O papa considerou sua atitude um ato de coragem e por fim deu o seu aval a Francisco. Há quem diga que, nesse exato momento, as vestes do santo ficaram limpas e perfumadas de forma milagrosa, como se os Céus tivessem aprovado o ato.*

A história mais difundida, entretanto, é a de que o papa teria ouvido suas palavras apaixonadas, mas disse que ele deveria sair da sala e pedir para que Deus o ouvisse. Caso fosse a vontade Dele, Deus enviaria um sinal tanto para Francisco quanto para Inocêncio, e, desse modo, o papa aprovaria a ordem.

Imediatamente, Francisco acatou as ordens do papa, retirou-se em um canto isolado e rezou.

Foi então que Deus lhe falou interiormente sob a forma de parábola:

Havia num deserto uma mulher muito pobre e bela. Enamorado dos seus encantos, um grande rei quis desposá-la, esperando que lhe desse belos filhos. Realizou-se a união e dela nasceram numerosos rebentos. Quando cresceram, a mãe falou-lhes assim:

— Meus filhos, não vos envergonheis da vossa condição, porque sois filhos do rei. Ide, portanto, à sua corte e ele vos concederá tudo o que vos for necessário.

Tendo chegado à corte, o rei admirou-se da sua beleza; e, descobrindo-lhes no rosto os seus próprios traços, perguntou-lhes:

---

* Justo L. González, *Historia del Cristianismo*. Tomo I.

— *De quem sois filhos?*

Eles responderam que eram filhos de uma pobre mulher que vivia no deserto. O rei, cheio de alegria, abraçou-os e disse:

— *Não temais, sois meus filhos. Se alimento estranhos à minha mesa, com maior razão cuidarei de vós, que sois meus próprios filhos.*

O rei ordenou então à mulher que mandasse para a corte, para ali serem educados, todos os filhos que dele tivera.

Francisco quis retornar e falar ao papa. Pediu um novo encontro, pois tinha entendido a mensagem que recebera. Nesse meio-tempo, Inocêncio também teve um sonho mais do que direto, onde a basílica de São João de Latrão, a catedral da diocese de Roma, e a sé episcopal oficial do bispo de Roma, o papa, começava a ruir e as estruturas da construção eram sustentadas pelos ombros de um religioso pobre.

Francisco consegue uma nova audiência com o papa, para quem conta a parábola que lhe fora ditada por Deus, afirmando:

— Eu sou a mulher pobre!

Ele completa dizendo que Deus ajuda com compaixão os pecadores e que Ele quer alimentar todos os seus filhos, sem distinção. Então, por que motivo Francisco e seus irmãos não seriam reconhecidos como homens de Deus? Inocêncio lembrou de seu sonho, reconheceu em Francisco o homenzinho que sustentara a igreja e aprovou o reconhecimento da Ordem Franciscana. É claro que Inocêncio também não estava alheio à popularidade que Francisco começava a construir e por isso mesmo era melhor que mantivesse o jovem idealista por perto.

Logo em seguida, Francisco e seus irmãos visitaram os túmulos dos apóstolos e receberam a tonsura — antiga cerimônia da Igreja na qual os clérigos tinham uma parte do cabelo, bem no alto da cabeça, raspada, outra característica que se tornou muito comum nas representações dos franciscanos até os dias de hoje.

Uma ameaça à Igreja?

Uma coisa é certa: o encontro entre Francisco com suas vestes de trapos e o papa com todo o seu luxo demonstra dois estilos de vida muito distintos. Existem diversas teses que apostam que os franciscanos eram encarados pela Santa Sé mais como uma afronta do que qualquer outra coisa. A humildade e a pobreza extrema — que conquistavam a admiração cada vez maior de fiéis — eram vistas de maneira dúbia. O alto clero não sabia como agir frente a ideais tão simples e, ao mesmo tempo, tão complexos de serem seguidos.

O teólogo francês Paul Sabatier (1858-1928) é uma das mais respeitadas vozes sobre o assunto. Para ele, Francisco não só entendia que seguia um caminho oposto ao da maioria dos membros da Igreja, como o alto clero começou a percebê-lo, sim, como uma ameaça de forma que seus membros deveriam, portanto, tentar trazer Francisco e seus companheiros para junto deles. "Francisco queria muito mais do que a fundação de uma ordem, e é uma injustiça com ele reduzir dessa maneira a sua tentativa. Ele quis um verdadeiro despertar da Igreja em nome do ideal evangélico que ele tinha reencontrado", afirma Sabatier.*

Nessa ótica, a aprovação do papa Inocêncio — apesar das muitas críticas e reservas da parte de seus conselheiros — foi uma maneira de transformar Francisco em um aliado e, mais do que isso, mantê-lo sob as suas regras.

---

* Paul Sabatier, *Life of St. Francis of Assisi*.

Os menores e mais humildes

DE VOLTA A ASSIS, o tempo dos franciscanos era dividido entre a pregação, o trabalho manual, os pedidos de alimento pelas ruas e os cuidados com os leprosos. Como tinha a bênção do papa, Francisco conseguiu, em 1210, requerer para a ordem a capela de Porciúncula. Os monges passaram então a viver no terreno que rodeava o templo. Sua fama de homem santo, por sua vez, estava em franca expansão. Se antes havia sido chamado de louco, começava a conquistar cada vez mais a admiração das pessoas.

O nome da ordem fundada por Francisco, a Ordem dos Irmãos Menores (ou dos Frades Menores, a denominação varia de acordo com diferentes tradutores), foi escolhido enquanto ele escrevia as primeiras regras. Segundo as palavras do próprio santo:

> *Os irmãos que vivem em determinados lugares e não podem observar como vivemos recorram o quanto antes*

ao seu ministro e lhe exponham a situação [...]. Neste gênero de vida, ninguém seja intitulado "prior", mas todos sejam designados indistintamente como "frades menores". E um lave os pés ao outro!

Essa determinação deixava claro, mais uma vez, o desejo de Francisco de que seus irmãos estivessem sempre na posição mais humilde possível.

A floresta ao redor da Porciúncula teria sido palco de uma cena dramática, contada anos depois de sua morte por diversas fontes: sentindo tentações de abandonar a vida humilde, Francisco saiu rolando, nu, sobre os espinheiros. Os espinhos se transformaram em rosas e Francisco se livrou das dúvidas. Esse fato ficou conhecido como o milagre das rosas.

Clara, a primeira mulher

Em 1212, a Ordem recebeu a primeira mulher, Chiara d'Offreducci. Clara, como é conhecida no Brasil, assim como Francisco, era de família rica. A diferença entre eles era que a jovem pertencia à nobreza, era neta e filha de fidalgos e vivia em um castelo com a família.

Loira de cabelos longos, era admirada por sua beleza e tinha uma fila de pretendentes. Naquela época, era comum o casamento arranjado e o pai, Favarone di Offreduccio degli Scifi, já estava em busca do candidato mais rico e poderoso. Conhecida por sua fé, ela negou o casamento, sendo considerada rebelde pelo pai. A mãe, Ortolana, secretamente entendia melhor a menina, mas não enfrentava o marido.

Como todos na cidade, Clara conhecia a história de Francisco, de quem ouvira falar pela primeira vez aos dezesseis anos. Rufino e Silvestre, dois frades da ordem do santo, tinham parentesco com Clara. Ainda muito jovem, ela ouviu, fascinada, Francisco pregar na igreja de São Jorge, em Assis. Ela o procurou em segredo e, com a ajuda de uma amiga, Bona de Guelfuccio, passou a frequentar a capela de Porciúncula para escutar as palavras do santo.

— Quero contar-te um segredo, Clara: desposei a senhora pobreza e quero ser-lhe fiel para sempre — confessou-lhe Francisco a certa altura. Essa frase, à primeira vista simples, remete ao sonho que o santo teve ainda jovem, no qual desposava uma senhora. Passado algum tempo da sua conversão, Francisco entendeu que iria casar-se, sim, mas que seria um casamento com a senhora pobreza, como passou a dizer.

Clara ouviu essas palavras com atenção e admiração. E teve, a exemplo de Francisco, um sopro divino, que seria o seu chamado.

— Quero viver essa mesma vida de oração e pobreza — declarou Clara, sentindo que seu amor por Francisco era maior até do que aquele que nutria pela própria família.

Aos dezoito anos, estava decidida: iria abandonar tudo e no Domingo de Ramos, dia 19 de março de 1212, saiu pela porta dos fundos do palacete onde vivia, conhecida nas casas medievais como a "saída dos mortos", e, após caminhar por cinco quilômetros, foi recebida com alegria pelos irmãos menores.

Já na capela de Santa Maria dos Anjos, como também era conhecida a igrejinha de Porciúncula, tirou as roupas consideradas mundanas, vestiu uma túnica de juta e um par de sandálias humildes, e fez uma oração de renúncia ao mundo, "por amor ao santíssimo menino Jesus, envolto em pobres paninhos e deitado numa manjedoura".

Num momento dramático, Francisco cortou devagar os cabelos longos e bem cuidados da moça, a única coisa que ainda lembrava sua vida anterior aos votos de pobreza, obediência e pureza de coração.

A família de Clara ficou enfurecida com o sumiço da jovem. Alguns documentos afirmam que seu pai foi buscá-la. Já em outros, o responsável pela busca foi um de seus tios, um homem chamado Monaldo. O fim da história, entretanto, é o mesmo: Clara se agarrou ao altar, repetindo que ficaria ali para sempre. Tentaram tirá-la à força e ela se despiu do véu negro com que se cobria e mostrou a cabeça raspada. Diante daquela forte imagem, seus familiares entenderam que nada poderiam fazer e que Clara já escolhera o seu caminho.

A moça recebeu de Francisco a autorização para criar uma ordem de irmãs, que seguiriam os mesmos preceitos de pobreza. Clara vai, então, para o Mosteiro de Beneditinas de São Paulo, em Bastia, e depois, ao de Santo Ângelo, em Panzo. Duas semanas após a partida da jovem, sua irmã Catarina, de quinze anos, foge para seguir o mesmo caminho. O tio Monaldo vai em missão para buscar Catarina e a amarra, para levá-la de volta à força. Desesperada com os gritos da irmã, Clara pede a Deus para intervir. As histórias contam que a menina ficou tão pesada que ninguém conseguiu movê-la por nem um centímetro sequer. Assim, Catarina entrou para a ordem e recebeu um novo nome: Inês. São Francisco, então, levou Clara e suas seguidoras para o santuário de São Damião, onde foram morar em definitivo. Nasceu, assim, a Ordem das Irmãs Pobres ou Irmãs Clarissas. Mais tarde, a outra irmã de Clara, Beatriz, e sua mãe, depois de ficar viúva, se juntaram à ordem.

Francisco deixou por escrito os seus votos para as irmãs de Santa Clara:

> *Desde que, por inspiração divina, vos fizestes filhas e servas do altíssimo e sumo Rei, o Pai celestial, e tomastes o Espírito Santo por esposo, optando por uma vida conforme com a perfeição do Santo Evangelho, quero eu — o que prometo por mim pessoalmente e por meus irmãos — nutrir sempre, a bem de vós, o mesmo diligente cuidado e solicitude como por eles.**

Francisco sempre repetia que era um homem iletrado e não se considerava inteligente. Clara, com sua grande capacidade de comunicação, articulação das palavras e inteligência, certamente é uma das figuras mais importantes na continuidade do ideal franciscano. Ela soube manter vivas as palavras e os desejos de Francisco, mesmo depois que ele se foi.

Além do milagre da irmã pesada, também são atribuídos a Clara, ainda em vida, tantos outros. Em um período de muita necessidade, quando não havia alimento e já com mais de cinquenta irmãs sob sua orientação, ela pediu que cortassem o único pão que tinham em cinquenta pedaços e o deixassem na cozinha. Ao voltarem algum tempo depois, dezenas de pães tinham tomado conta do local, que mataram a fome das irmãs por vários dias.

Certa vez, o convento foi invadido e Santa Clara pegou o ostensório — a peça usada para expor a hóstia consagrada —, afirmando aos invasores que Cristo era mais forte que

---

* *Forma de vida para irmãs de Santa Clara*, documento escrito por Francisco, em tradução livre.

todos eles juntos, e ordenou que saíssem de lá. Todos fugiram. Por isso, tornaram-se comuns as imagens que representam Santa Clara segurando o objeto.

Mais tarde, em 1252, um ano antes de sua morte e já bastante fraca, ela queria muito ir a uma missa. Como não conseguia mais levantar da cama, contam os relatos que ela começou a orar e a cerimônia apareceu para ela como se estivesse sendo projetada na parede de seu quarto. Para o espanto de quem estava naquela missa, Clara depois narrou os fatos, as palavras do sermão e tudo o que aconteceu na cerimônia e as pessoas confirmaram tudo. Por esse motivo, em 1958, a Igreja proclamou oficialmente Santa Clara de Assis como a padroeira da televisão.

Clara morreu em Assis no dia 11 de agosto de 1253, aos sessenta anos de idade. Segundo as irmãs que a acompanhavam, antes de falecer, disse:

— Vai em paz, minha alma, pois tem um guia seguro que lhe mostrará o caminho, Aquele que lhe criou, santificou, amou e não parou de vigiá-la com a ternura de uma mãe que zela pelo filho único de seu amor. Dou graças e bendigo ao Senhor porque Ele criou a minha vida.

Uma freira então perguntou:

— A quem tu falavas, minha mãe?

— À minha alma — foi a resposta de Clara.

E, com essas palavras, ela morreu, segundo contam, com um sorriso no rosto. Na época, foi enterrada ao lado de Francisco. Atualmente, seu corpo está na basílica de Santa Clara, em Assis.

A amizade e o respeito com as mulheres

Se atualmente as mulheres ainda lutam por direitos iguais aos dos homens, no século XII, elas simplesmente não tinham nenhuma voz. Francisco, entretanto, via em Maria a maior importância, enxergando nas mulheres o reflexo inegável da força daquela Virgem Mãe. Tanto que, além de permitir que Clara escolhesse seguir seu estilo de vida, desde o início sinalizou que ela seria a responsável por todas as decisões relativas à Ordem das Clarissas.

A parceria com Clara e suas irmãs marcou a biografia do santo, assim como uma improvável amizade com uma nobre, Jacoba de Settesoli. Ele a achava tão forte que a chamava de "frei", frei Jacoba. Francisco a visitava sempre que estava em Roma, onde ela morava, chegando até a se hospedar em sua casa. Jacoba foi uma das últimas pessoas a encontrar-se com Francisco ainda com vida, quando ele estava em seu leito de morte.

Em alguns escritos e regras, entretanto, Francisco mostrava a mentalidade da época e chamava a atenção de seus irmãos para que tomassem cuidado com as "tentações carnais" que poderiam ser representadas pelas mulheres.

Outra forte amizade do santo foi com Praxedes, uma mulher de fé muito conhecida em Roma, já que viveu dentro de uma cela por mais de quarenta anos sem pôr os pés no mundo exterior, nem ver ninguém, a não ser Francisco e alguns outros poucos religiosos. Tocado pela força de vontade de Praxedes, ele lhe concedeu o hábito de sua ordem: a túnica e o cordão.

A importância da alegria

Os documentos, escritos e lendas concordam sobre Francisco e seus irmãos: eles viviam na mais absoluta pobreza e simplicidade. Porém, sem motivo para tristeza. Para eles, esse tipo de existência era uma escolha, um caminho de purificação e, por isso, razão de grande alegria.

Eram alegres juntos. Cantavam o tempo todo e trabalhavam com uma disposição notável. Francisco, inclusive, deixou registrado na chamada Regra Não Bulada (a primeira e mais antiga regra franciscana): "E cuidem para não se mostrarem tristes e sombrios hipócritas. Comportem-se como gente que se alegra no Senhor, satisfeitos e amáveis, como convém".

Francisco, que já pregara que ninguém deveria se preocupar com o amanhã, deixa outra valiosa — e muitas vezes esquecida — lição para os dias de hoje: tentar ao máximo viver com leveza e boa energia.

O Pai-Nosso de Francisco

Mesmo que se considerasse um homem de ideias simples, Francisco tinha o dom da oratória. Deixou escritos, ditados, sermões, regras de vida e até uma reinterpretação — na verdade uma ampliação — do Pai-Nosso. A prece, conhecida como paráfrase à Oração do Senhor, é rezada pelos franciscanos.

Santíssimo Pai nosso, nosso Criador, nosso Redentor, nosso Salvador e Consolador!

Que estás nos céus: nos anjos e nos santos, iluminando-os, para que Te conheçam, porque Tu, Senhor, És luz; inflamando-os, para que Te amem, porque Tu és amor; habitando neles e enchendo-os, para que gozem a bem-aventurança, porque Tu, Senhor, És o sumo Bem, o Bem Eterno, donde procede todo o bem, e sem o qual não há bem algum.

Santificado seja o Teu nome: que o conhecimento de Ti mais se clarifique em nós, para conhecermos qual a grandeza dos Teus benefícios, a grandeza das Tuas promessas, a alteza da Tua majestade e a profundeza dos Teus juízos.

Venha a nós o Vosso Reino: de modo a reinares em nós pela graça, e a levares-nos a entrar no Teu Reino, onde a visão de Ti é clara, o amor por Ti é perfeito, ditosa a Tua companhia e gozaremos de Ti para sempre.

Seja feita a Vossa vontade, assim na terra como no Céu: para Te amarmos de todo o coração, pensando sempre em Ti; sempre a Ti desejando com todo o nosso espírito; sempre a Ti dirigindo todas as nossas intenções, e em tudo procurando a Tua honra; e com todo o nosso alento, empregando todas as nossas forças e potências do corpo e da alma ao serviço do Teu amor e de mais nada. E para amarmos o nosso próximo como a nós mesmos, atraindo todos quanto possível, ao Teu amor, alegrando-nos dos bens dos outros como dos nossos, e compadecendo-nos dos seus males, e não fazendo a ninguém qualquer ofensa.

O pão nosso de cada dia: o Teu dileto Filho, Nosso Senhor Jesus Cristo, nos dá hoje, para memória, e inteligência e reverência do amor que nos teve, e do quanto por nós disse, fez e suportou.

E perdoa-nos as nossas ofensas: por Tua inefável misericórdia, por virtude da Paixão do Teu amado Filho, Nosso

Senhor Jesus Cristo, e pelos méritos e intercessão da bem-aventurada Virgem Maria e de todos os santos.

Assim como nós perdoamos a quem nos tem ofendido: e o que não perdoamos plenamente, faz, Senhor, que plenamente perdoemos, a fim de que, por Teu amor, amemos de verdade os inimigos, e por eles a Ti devotamente intercedamos, a ninguém pagando mal com mal. E em Ti procuremos ser úteis em tudo.

E não nos deixes cair em tentação: oculta ou manifesta, súbita ou renitente.

Mas livra-nos do mal: passado, presente e futuro.

Glória ao Pai, ao Filho e ao Espírito Santo, como era no princípio, agora e sempre. Amém.

Deus está nos animais

Era frequente encontrar Francisco conversando com os animais, abraçado a eles e sempre rodeado pelos mais variados tipos. Chamava-os de irmãos, via Deus naquelas criaturas. Ele afastava insetos e vermes do seu caminho, não queria que fossem pisados. Preocupado com as abelhas no inverno, costumava alimentá-las com mel ou alguma bebida doce.

Uma vez, durante uma viagem, deixou os irmãos para trás ao avistar um bando de pássaros. Ele se aproximou e chamou a todos de irmãos. Como as aves não fugiram, decidiu pregar para elas:

— Avezinhas, minhas irmãs, muito tendes que louvar o vosso Criador e amá-lo de contínuo, já que vos deu penas para vos cobrir, asas para voar e tudo o mais. Fez-vos nobres entre as demais criaturas e deu-vos por morada a limpidez do espaço. Ele vos protege e guia, libertando-vos de preocupações.

Segundo relatos de irmãos que os observavam, ele passou por entre as aves, que não se moveram até que ele fizesse o sinal da cruz. Desse dia em diante, Francisco começou a falar com todos os animais que cruzassem o seu caminho. Em sua história, diversas passagens cheias de amor e de significado envolvem os bichos.

Os pássaros gostavam tanto dele que, durante uma pregação, Francisco pediu licença às andorinhas — que faziam barulho — para poder falar ao povo. Elas ficaram quietas até a última de suas palavras e, depois, voltaram a cantar alegremente.

Certa vez, um pescador deu um peixe a Francisco. Ele pegou o animalzinho e o devolveu à água. O peixe continou a nadar próximo de onde o santo estava e ele pediu que seguisse seu caminho, que voltasse à liberdade. E, assim, o peixe nadou para longe. Em suas andanças, Francisco também libertou diversos animais capturados por caçadores.

Durante um período de isolamento, Francisco fez amizade com um falcão que vivia próximo à gruta onde o santo estava abrigado. Todas as noites, um pouco antes da hora das orações, o falcão fazia barulhos e cantava para avisar que o momento de falar com Deus se aproximava. Francisco, porém, ficou doente durante essa temporada, de forma que, por mais de uma vez, ao perceber que o santo sentia alguma dor forte ou estava com muita febre, o falcão não o acordava.

Enquanto o santo estava enfermo, um nobre lhe mandou um faisão como presente. Ele se alegrou, chegou até a melhorar um pouco ao ver o animal e ainda disse: "Irmão faisão, louvado seja o nosso Criador! Vejamos agora se o irmão faisão prefere ficar conosco ou voltar aos lugares a que está afeito e lhe são mais convenientes". A ave foi levada até um bosque por mais de uma vez e colocada em meio à natureza, porém ela sempre retornava para Francisco, que acolheu o faisão, abraçou-o e ordenou a todos que o tratassem com todo o respeito.

Francisco passou um tempo na cidade de Gubbio e uma das histórias mais conhecidas desse período de sua vida é sobre um enorme lobo, terrível e feroz, que devorava animais e homens e que vivia nos arredores. Por medo, ninguém mais deixava a cidade. Francisco foi ao encontro do lobo, fez o sinal da cruz nele e disse: "Vem cá, irmão lobo, ordeno-te da parte de Cristo que não faças mal nem a mim nem a ninguém". E, de imediato, o animal se deitou aos pés de Francisco, manso. Ele, então, disse que providenciaria alimento para o lobo. "Sei bem que foi graças à fome que fizeste tanto mal. Mas, por te conceder essa graça, quero, irmão lobo, que me prometas não lesar mais a nenhum homem, nem a nenhum animal." E os dois selaram essa amizade quando o lobo colocou uma das patas sobre a mão de Francisco. O povo correu à praça para ver o animal e Francisco fez com que prometessem que nunca deixariam o lobo passar fome. O animal, por sua vez, passou a morar na cidade e frequentava as casas dos camponeses, onde comia e convivia com os cães domésticos. Segundo contam, isso durou dois anos, até que o lobo morreu de velhice.

Uma cigarra vivia em uma figueira no terreno da igrejinha de Porciúncula. O santo um dia pediu que o inseto fosse até ele, e a cigarra voou para as suas mãos. Cantaram juntos até que Francisco pediu para que ela voltasse à árvore. Repetiram esse mesmo ritual por mais oito dias, até que ele declarou que a cigarra já tinha alegrado a todos com seu louvor e podia seguir seu caminho. E assim ela o fez.

    Durante suas viagens, Francisco com frequência era guiado pelos animais. Certa vez, os irmãos pararam para descansar perto de uma árvore. Aves voaram ao redor dele, cantando e batendo as asas alegremente. Feliz com a acolhida, disse: "Estou vendo que é do agrado de nosso Senhor Jesus Cristo que nós moremos aqui, pois nossos irmãos e irmãs aves manifestaram imensa alegria pela nossa vinda".

    Por essas e outras histórias de irmandade, hoje, Francisco é considerado o protetor dos animais e suas imagens mais conhecidas o representam ao lado de pássaros, lobos e cordeiros. Defensores e ativistas pelos direitos animais frequentemente pedem a proteção do santo. No Brasil, no Dia de São Francisco de Assis — comemorado em 4 de outubro —, diversas missas e bênçãos são realizadas com a presença de animais, como cachorros e gatos. No Centro de São Paulo, as cerimônias acontecem no Largo de São Francisco ao longo do dia e na paróquia da Vila Mariana, com a distribuição de ração benta.

Pelo mundo

Francisco decidiu que ele e seus irmãos deveriam partir pelo mundo, pregando e mostrando seu ideal de vida. Em alguns países puderam apenas deixar seu testemunho, em outros construíram habitações. Em alguns, entretanto, foram expulsos.

O santo fez sua primeira tentativa de evangelizar os sarracenos na Síria. A comitiva, porém, não conseguiu chegar ao seu destino: os ventos mudaram a direção e a viagem foi frustrada. Eles tentaram subir a bordo de outro navio, mas a carona lhes foi negada. Escondidos e levando consigo alguma comida, eles por fim conseguiram embarcar com a ajuda de um marinheiro que simpatizava com o estilo de vida que levavam. Quando uma tempestade atingiu a embarcação, contam os documentos que Francisco realizou um milagre: ele pacificou as ondas e multiplicou a comida que levava, alimentando a todos, que já sofriam com a fome. Dessa forma, ele acabou por converter os outros marinheiros que antes negaram sua companhia.

Histórias da época dão conta de dezenas de milagres realizados por Francisco durante suas viagens. Ele curou doentes terminais que nunca receberam nenhum tipo de tratamento, fez paralíticos voltarem a andar e dezenas de pessoas davam testemunhos de que venceram momentos difíceis e problemas de saúde ao pegar em objetos que foram tocados ou que pertenceram a Francisco. A fama de santo espalhava-se pelos quatro cantos do mundo.

Em 1219, durante a Quinta Cruzada e quando os cristãos cercaram Damieta, no Egito, São Francisco foi até lá. O envolvimento do santo com ato de guerra e a violência das cruzadas é debatido até hoje. Afinal, como um homem que pregava a paz e o amor poderia pensar em estar no meio de tanto sangue? Qual o motivo de alguém tão manso se envolver em uma guerra em nome de Deus?

Os escritos contam que, lá, ele pregava o amor e a fé. E que não se envolvia em batalhas. Ele, inclusive, teve uma visão de que os cristãos seriam derrotados em um combate. Tentou alertar e não lhe deram ouvidos: seis mil homens morreram na tal batalha.

Segundo relatos, seu grande feito durante essa viagem — considerado de extrema ousadia e coragem entre seus companheiros na época — foi o encontro com o sultão Melek-el-Kamel. Chegou a ser preso no caminho, mas por fim conseguiu uma audiência com o sultão. Documentos históricos afirmam que Francisco pregou o cristianismo e que o sultão ouviu com certa curiosidade o que ele tinha a dizer, admirado pela oratória e pelo carisma daquele homem.

Entretanto, ao contrário do que pretendia Francisco, El-Kamel não se conformou, porém ele não foi morto pelo sultão como temiam seus companheiros. Intrigado com aquele pequeno homem cheio de ousadia, El-Kamel o libertou e deixou que voltasse ao campo.

O PRIMEIRO PRESÉPIO

A MONTAGEM DO PRESÉPIO, um costume muito popular em diversos lugares do mundo, começou com Francisco. É atribuído a ele o primeiro presépio do qual se tem notícia. Era o ano de 1223, ele estava na cidade italiana de Greccio e lia o Evangelho de São Lucas, que descreve o nascimento de Cristo. Naquele momento, teve uma ideia: decidiu celebrar o Natal no meio da floresta, recriando a cena da natividade em uma gruta.

Ele fez uma manjedoura e colocou ao lado um boi e um burrinho. Segundo documentos como o de São Boaventura, foram esculpidas em barro as figuras do Jesus menino, Maria e José. Acima de tudo, um altar foi improvisado, no qual Francisco reza a missa da meia-noite. Relatos da época dão conta de que fiéis puderam ver o menino Jesus no colo de Francisco, envolto em uma aura de luz. No imaginário da fé, a figura do menino é o sinal da mais absoluta pureza.

Crise e provação

Tanto tempo em viagens fez com que uma crise se instaurasse entre os irmãos de Francisco. Falava-se em desentendimentos e até de membros que se afastavam dos ideais franciscanos. Outros voltavam desolados das viagens por não serem respeitados ou por serem expulsos de alguns países. Alguns não estavam vivendo no ideal de pobreza.

Além de tudo, espalhou-se um boato de que Francisco estava morto. Com isso, alguns membros da Ordem já almejavam um lugar de destaque, uma liderança, exatamente o contrário do que Francisco pregava.

Francisco é avisado e retorna para a igrejinha de Porciúncula, onde precisa lidar com os primeiros problemas de sua Ordem. O papa Inocêncio havia aprovado os franciscanos, mas sem uma confirmação por escrito. Como ele morrera, Francisco foi até o novo papa, Honório, para que tudo fosse registrado da forma correta. Para que isso fosse feito, as primeiras regras que Francisco havia criado para sua Ordem tiveram que ser reescritas diversas vezes para que ficassem de acordo com o que as autoridades da Igreja exigiam. Assim surgiu a Regra Bulada, aquela que foi aprovada por Roma.

Essas modificações e até supressões de algumas passagens das regras primitivas aborreceram Francisco. Afinal de contas, basta observar a fidelidade do italiano para com suas crenças. Ele jamais mudaria qualquer coisa na qual acreditasse. Existem até biografias e documentos da época que falam a respeito da grande provação pela qual Francisco passou. É bem possível que ele tenha sentido um desejo de abandonar tudo por não concordar com quaisquer alterações em suas regras. Mas a obediência à Igreja fez com que aceitasse as determinações da Santa Sé e abrandasse muitas das exigências de estilo de vida presentes naquele documento.

O irmão Antônio

Ao contrário de Francisco, que sempre repetia que era iletrado, Santo Antônio (ou Fernando Antônio de Bulhões, seu nome de nascença) adorava estudar e chamava a atenção pela inteligência na sua juventude em Portugal, onde nasceu, em 1195, na cidade de Lisboa. Foi ordenado sacerdote e se encantou pelos ideais dos franciscanos ao conhecer alguns freis da Ordem em Coimbra.

O encontro com Francisco aconteceu por acaso. Antônio pediu aos franciscanos para irem ao Marrocos pregar o evangelho. No caminho, ficou doente e o barco que o levaria de volta a Portugal mudou de rota e acabou parando na Sicília. Na época, acontecia por lá um grande encontro de frades franciscanos, um evento organizado de tempos em tempos para relembrar a origem e a comunhão com Cristo. Lá, Antônio conheceu pessoalmente São Francisco de Assis.

Depois desse encontro, Antônio passou quinze meses vivendo como um eremita. Francisco, surpreso com a força de vontade do amigo, passa a chamá-lo de frei Antônio, meu bispo. E o encarrega da formação teológica dos irmãos. Entre os escritos deixados por Francisco está justamente uma carta endereçada a Antônio:

> *Eu, frei Francisco, saúdo a frei Antônio, meu bispo.*
>
> *Gostaria muito que ensinasse aos irmãos a sagrada teologia, contanto que nesse estudo não extinga o espírito da Santa Oração e da devoção, segundo está escrito na Regra.*
>
> *Passar bem.*

As chagas de Cristo

TODOS OS PRIMEIROS DOCUMENTOS e biografias de Francisco, de alguma forma, contam que ele recebeu as chagas de Cristo durante sua vida. O ano foi o de 1224 e ele estava no Monte Alverne, onde rezava para São Miguel Arcanjo, de quem era devoto. Naquele ano, ele passava a Quaresma de Miguel — que começa em agosto e vai até setembro — em uma espécie de retiro por lá.

Na época, ele havia chegado com alguns irmãos e se afastou deles, indo até o topo do monte, que tem mais de mil metros de altura, para ficar sozinho. Ali, ele fazia jejum e lia os evangelhos. Os relatos da época contam que ele abria a Bíblia ao acaso e quase sempre as páginas mostravam a Paixão de Cristo. Francisco tentava entender o que aquilo queria dizer.

Agoniado com os problemas pelos quais passava sua Ordem, pedia dia e noite que Deus lhe mostrasse um caminho. Achava que, comparado a Cristo, não tinha passado por sofrimento suficiente e pedia para que pudesse sentir Suas dores. Francisco viu, então, o céu se abrir e de lá surgir um serafim. Ele estava crucificado, como Cristo. Francisco sente um misto de êxtase, amor e uma dor aguda. A visão some e em seguida ele percebe que estigmas se abriram nas suas mãos e nos seus pés.

As descrições feitas mais tarde relatam que os estigmas pareciam pedaços de carne saltados, como machucados, lembrando os pregos que perfuraram Jesus. Uma ferida no lado direito do corpo, como um golpe de lança, também é descrita. Com isso, ele é o primeiro santo estigmatizado do qual se tem notícia.

Essas feridas acompanharam Francisco até a sua morte, porém ele as ocultou durante todo o tempo que lhe restou na terra. Queria manter apenas para si as marcas em seu corpo.

Cântico ao irmão Sol

"Adeus montanha de Deus, montanha santa, adeus, Monte Alverne, que Deus Pai, Filho e Espírito Santo te abençoem. Nunca mais nos veremos."
    Foi assim que Francisco se despediu do local onde rezou e recebeu as chagas. Ele parecia saber que não haveria um próximo ano ao descer de lá. Cada vez mais doente, voltou para Assis, onde receberia cuidados. Ele sentia fortes dores no estômago que aumentavam a cada dia. A elas, somavam-se dores na cabeça e dificuldade para caminhar.
    Em 1225, entre julho e setembro, ele passou algum tempo sob os cuidados de Clara. Não estava enxergando bem, foi, aos poucos, ficando quase cego. Passava dias chorando — dizia que eram lágrimas de penitência. A melancolia era aplacada pela compaixão de Clara, que não saía do lado do amigo. Ela conversava com Francisco e cantava para ele. Foi nesse tempo que o santo, em um momento de

alegria junto à irmã, compôs um dos seus mais belos textos, o *Cântico ao irmão Sol* (também conhecido como *Cântico às Criaturas*):

> *Altíssimo, onipotente, bom Senhor,*
> *Teus são o louvor, a glória, a honra*
> *E toda a bênção.*
> *Só a Ti, Altíssimo, são devidos;*
> *E homem algum é digno*
> *De Te mencionar.*
> *Louvado sejas, meu Senhor,*
> *Com todas as Tuas criaturas,*
> *Especialmente o senhor irmão Sol,*
> *Que clareia o dia*
> *E com sua luz nos alumia.*
>
> *E ele é belo e radiante*
> *Com grande esplendor:*
> *De Ti, Altíssimo, é a imagem.*
>
> *Louvado sejas, meu Senhor,*
> *Pela irmã Lua e as estrelas,*
> *Que no céu formaste claras,*
> *Preciosas e belas.*
>
> *Louvado sejas, meu Senhor,*
> *Pelo irmão Vento,*
> *Pelo ar, ou nublado*
> *Ou sereno, e todo o tempo*
> *Pela qual às Tuas criaturas dás sustento.*

Louvado sejas, meu Senhor,
Pela irmã Água,
Que é mui útil e humilde,
Preciosa e casta.

Louvado sejas, meu Senhor,
Pelo irmão Fogo
Pelo qual iluminas a noite
E ele é belo e jucundo,
Vigoroso e forte.

Louvado sejas, meu Senhor,
Por nossa irmã, a mãe Terra
Que nos sustenta e governa,
E produz frutos diversos
E coloridas flores e ervas.

Louvado sejas, meu Senhor,
Pelos que perdoam por Teu amor,
E suportam enfermidades e tribulações.

Bem-aventurados os que sustentam a paz,
Que por Ti, Altíssimo, serão coroados.

Louvado sejas, meu Senhor,
Por nossa irmã, a Morte corporal,
Da qual homem algum pode escapar.

Ai dos que morrerem em pecado mortal!
Felizes os que ela achar

Conformes à Tua santíssima vontade,
Porque a morte segunda não lhes fará mal!

Louvai e bendizei a meu Senhor,
E dai-Lhe graças,
E servi-O com grande humildade.

Cada vez mais doente

O ESTADO DE SAÚDE de Francisco piorava cada vez mais. Apesar de sua condição delicada, ele ainda queria continuar a pregar e a viajar. A visão preocupava, tanto que um médico teve que ser chamado para cauterizar a região próxima de um de seus olhos com um ferro quente. Os irmãos fugiram da cena, com pena. Contam que sentiram apenas o cheiro da carne queimada, surpresos por não ouvirem gritos de dor. Francisco não só os repreendeu pela falta de coragem como enfrentou todo o doloroso procedimento com um sorriso no rosto, garantindo não sentir qualquer incômodo. E, de acordo com os testemunhos, o procedimento foi realizado duas vezes naquela tarde.

Desesperados com a fragilidade de Francisco, seus seguidores, a certa altura, pediram que ele os abençoasse e dissesse o que esperava deles dali para a frente. Ele escreveu, então, o documento que ficou conhecido como *Testamento de Sena*:

Abençoo a todos os meus frades, os que já estão na religião e os que virão, até o fim do mundo... Como por causa da fraqueza e da dor e da enfermidade não posso falar, manifesto brevemente nestas três palavras aos meus frades a minha vontade, a saber:

Que em sinal da memória da minha bênção e do meu testamento sempre se amem uns aos outros;

Sempre amem e observem nossa senhora, a santa pobreza;

E que sempre sejam fiéis e submissos aos prelados e a todos os clérigos da Santa Mãe Igreja.

Francisco adorava a música. As melodias eram tão constantes em sua vida quanto os animais. Sozinho ou acompanhado, sempre cantava e sempre se alegrava. Tanto que, certo dia, ele acordou com a sensação de que se sentia um pouco melhor. Parecia mais bem-disposto e contou aos irmãos que um anjo foi enviado dos Céus e fez um concerto para ele, um concerto especial que ninguém mais além de Francisco havia ouvido. Sentindo-se mais saudável, ele voltou a viajar e a pregar pelos arredores.

O SANTO DE CASA FAZ MILAGRES

A FAMA DE FRANCISCO era grande em toda a Itália e em alguns países vizinhos. As pessoas disputavam até seus fios de cabelo, que julgavam milagrosos.

Após algumas semanas, quando a enfermidade lhe deu uma trégua, a saúde do santo vivo começou a piorar em velocidade espantosa. Temendo perder o seu mais notório filho, os soldados de Assis foram atrás de Francisco para que ele voltasse ainda em vida para sua cidade. O mesmo lugar que o considerou louco anos antes passou a saudar com alegria a chegada daquele mesmo homem. Em Assis, ele foi aclamado por uma multidão que bradava:

— É um santo!

— Nosso salvador está de volta!

— Homem milagroso, cure-me, pelo amor de Deus!

Eram palavras bem diferentes daquelas que ouvira em sua juventude, quando era taxado de lunático enquanto era apedrejado pelas pessoas. O santo de casa, enfim, fazia milagres. E era reconhecido em vida.

O TESTAMENTO

DURANTE O PERÍODO MAIS crítico de sua enfermidade, Francisco passou a criar ainda mais textos. Sem condições de escrever devido à saúde debilitada, ele ditava suas ideias para os irmãos. Entre muitas palavras de fé, esperança e humildade, Francisco ditou também o seu testamento. A importância desse legado não é apenas de um documento do santo em si, mas mostra que Francisco ainda poderia se sentir incomodado com as mudanças em sua primeira regra, como foi exigido para a aprovação papal. O testamento foi a maneira que ele encontrou, em vida, de mostrar aos seus irmãos e seguidores que deveriam viver de acordo com aquela diretriz essencial e não somente a que havia sido aprovada pelo papa. Isso fica claro quando Francisco pede que seu *Testamento* seja sempre lido e respeitado junto à tal regra oficial. Segue abaixo o texto do documento, em tradução livre:

Foi assim que o Senhor concedeu a mim, frei Francisco, iniciar uma vida de penitência: como estivesse em pecado, parecia-me deveras insuportável olhar para leprosos. E o Senhor mesmo me conduziu entre eles e eu tive misericórdia deles. E, enquanto me retirava deles, justamente o que antes me parecia amargo se me converteu em doçura da alma e do corpo. E, depois disso, demorei só bem pouco e abandonei o mundo.

E o Senhor me deu tanta fé nas igrejas que com simplicidade orava e dizia: "Nós Vos adoramos, Senhor Jesus Cristo, aqui e em todas as Vossas igrejas que estão no mundo inteiro, e Vos bendizemos porque por Vossa santa cruz remistes o mundo".

E o Senhor me deu e ainda me dá tanta fé nos sacerdotes que vivem segundo a forma da Santa Igreja Romana, por causa de suas ordens, que, mesmo que me perseguissem, quero recorrer a eles.

E se tivesse tanta sabedoria quanto teve Salomão e encontrasse os míseros sacerdotes deste mundo — na paróquia em que eles moram não quero pregar contra a vontade deles.

E hei de respeitar, amar e honrar a eles e a todos os outros como a meus senhores.

Nem quero olhar para o pecado deles porque neles reconheço o Filho de Deus e eles são os meus senhores.

E procedo assim porque do mesmo altíssimo Filho de Deus nada enxergo corporalmente neste mundo senão o Seu santíssimo corpo e sangue, que eles consagram e somente eles administram aos outros.

E quero que estes santíssimos mistérios sejam honrados e venerados acima de tudo em lugares preciosos.

E onde quer que encontre em lugares inconvenientes os seus santíssimos nomes e palavras escritos, quero recolhê-los e peço que sejam recolhidos e guardados em lugar decente.

E devemos honrar e respeitar todos os teólogos e os que nos ministram as santíssimas palavras divinas como a quem nos ministra espírito e vida.

E depois que o Senhor me deu irmãos ninguém me mostrou o que eu deveria fazer, mas o Altíssimo mesmo me revelou que eu devia viver segundo a forma do santo Evangelho.

E eu o fiz escrever com poucas palavras e de modo simples e o senhor papa me confirmou.

E os que vinham para abraçar este gênero de vida distribuíam aos pobres o que acaso possuíam. E eles se contentavam com uma só túnica remendada por dentro e por fora, com um cíngulo e as calças. E mais não queríamos ter.

Nós clérigos recitávamos o ofício divino como os demais clérigos; os leigos diziam o Pai-Nosso. E gostávamos muito de estar nas igrejas.

Éramos iletrados e nos sujeitávamos a todos. E eu trabalhava com as minhas mãos e quero trabalhar. E quero firmemente que todos os outros irmãos se ocupem num trabalho honesto.

E os que não souberem trabalhar que o aprendam, não por interesse de receber o salário, mas por causa do bom exemplo e para afastar a ociosidade. E se acaso não nos pagarem pelo trabalho, vamos recorrer à mesa do Senhor e pedir esmola de porta em porta.

Como saudação, revelou-me o Senhor que disséssemos: "O Senhor te dê a paz".

Evitem os irmãos aceitar, sob qualquer pretexto, igrejas, modestas habitações e tudo o que for construído para eles se não estiver conforme a santa pobreza que prometemos pela Regra, demorando nelas sempre.

Mando severamente a todos os irmãos sob obediência onde quer que estejam que não se atrevam a pedir à Cúria Romana algum rescrito, nem por si nem por pessoa intermediária, em favor duma igreja ou de outro lugar qualquer, nem sob o pretexto de pregação nem por causa de perseguição corporal. Ao contrário, sempre que não forem aceitos em alguma parte, fujam para outra terra para ali fazerem penitência com a bênção de Deus.

E quero firmemente obedecer ao ministro geral desta fraternidade e ao guardião que lhe aprouver dar-me.

E de tal modo quero estar como prisioneiro em Suas mãos, que fora da obediência a Ele ou contra Sua vontade eu não possa ir a parte alguma nem empreender nada porque Ele é o meu Senhor.

E embora eu seja simples e enfermo, quero, contudo, ter sempre junto de mim um clérigo que reze comigo o ofício segundo manda a Regra.

E que todos os outros irmãos estejam obrigados a obedecer de igual modo aos seus guardiães e a rezar o ofício segundo manda a Regra.

E se acaso houver quem não reze o ofício segundo o preceito da Regra e introduzir um modo diferente ou que não seja católico, todos os irmãos, onde quer que estejam se acharem um deles, são obrigados, sob *obediência, a levá-lo ao custódio mais próximo do lugar onde o tiverem encontrado.*

E que o custódio esteja gravemente obrigado, sob obediência, a mantê-lo sob guarda severa como prisioneiro, dia e noite, de modo que não possa escapar de suas mãos, até que o entregue pessoalmente às mãos de seu ministro.

Também o ministro esteja gravemente obrigado, sob obediência, a enviá-lo por tais irmãos, que o guardem dia e noite como um preso, até que o apresentem ao senhor da Óstia, que é o senhor, protetor e corretor de toda a fraternidade.

E não digam os irmãos: "Isso é uma outra Regra", porque isso é uma recordação, uma admoestação, uma exortação e meu testamento, que eu, frei Francisco, o menor de todos, deixo para vós, meus irmãos benditos, a fim de que possamos observar mais catolicamente a Regra que prometemos ao Senhor.

E que o ministro geral e todos os demais ministros e custódios estejam obrigados, sob obediência, a nada acrescentar a estas palavras nem tirar coisa alguma.

E tenham sempre consigo este escrito, junto à Regra.

E em todos os capítulos que fizerem, leiam também estas palavras quando lerem a Regra.

E ordeno severamente a todos os irmãos, clérigos e leigos, sob obediência, que não façam glosas à Regra nem a estas palavras dizendo: "Assim é que devem ser entendidas", mas, como o Senhor me concedeu dizer e escrever de modo simples e claro a Regra e estas palavras, assim as entendais, com simplicidade e sem comentário, e observai-as com santo fervor até o fim.

E todo aquele que as observar seja no Céu cumulado com a bênção do altíssimo Pai, e seja cumulado na terra com a bênção de Seu dileto Filho em unidade com o Espírito Santo Paráclito, com todas as virtudes do Céu e todos os santos.

E eu, frei Francisco, o menor de vossos servos, vos confirmo, quanto posso, interior e exteriormente, esta santíssima bênção. Amém.

Morte

Francisco estava hospedado na casa do bispo de Assis, mas pediu para voltar à Porciúncula. Sabia que iria partir e queria morrer entre seus irmãos. Em São Damião, despediu-se de Clara e das irmãs. Com ela, deixou registrada a sua última vontade:

> *Eu, frei Francisco, o menor de todos, quero seguir a vida de pobreza de nosso altíssimo Senhor Jesus Cristo e de sua Mãe Santíssima e nela perseverar até o fim. E rogo-vos, senhoras minhas, e dou-vos o conselho de viverdes sempre essa santíssima vida de pobreza. E guardai-vos cuidadosamente de não vos afastardes dela pela doutrina ou pelo conselho de quem quer que seja.**

---

* *Última vontade escrita a Santa Clara*, documento escrito por Francisco, em tradução livre.

Já na Porciúncula, um médico vai vê-lo e ouve do doente: "Pela graça do Espírito Santo, estou tão intimamente unido a Deus que estou igualmente contente em viver ou morrer".

Um dos últimos desejos antes de sua morte foi bem terreno: comer um doce de amêndoa que só a amiga Jacoba sabia fazer. Ela sai correndo de Roma e vai visitar o amigo. Foi para Jacoba também que Francisco pediu que levasse o tecido cinza para a túnica mortuária. Ela atendeu ao pedido, levando também cera para as velas e incenso.

Aos franciscanos, Jacoba disse: "Irmãos, foi-me dito em espírito, quando estava rezando: 'Vá visitar teu pai, o bem-aventurado Francisco, depressa. Se demorares muito não vais encontrá-lo vivo'.".

Francisco também detalha aos irmãos que deveria ser sepultado nu após as cerimônias fúnebres. Em seguida, canta e lê trechos do Evangelho. Quando se cansa de entoar suas composições preferidas, especialmente o *Cântico ao irmão Sol*, ele pede que seus irmãos continuem. Dia e noite, queria se sentir embalado pela música, manter-se conectado às melodias. Alguns irmãos ficaram com receio de escandalizar as pessoas, afinal de contas, para a maior parte daquela gente, a morte deveria ser triste e solene. Essa, entretanto, não era a mentalidade de Francisco, que parte no dia 3 de outubro de 1226, aos 44 anos, com o canto dos pássaros que enchiam o telhado da Porciúncula.

Após sua morte, o irmão Elias revela a todos que Francisco havia recebido as chagas de Cristo, de forma que seu corpo foi examinado por muitas testemunhas, no intuito de comprovar se as marcas estavam mesmo lá.

A notícia se espalhou e o povo correu para homenagear o pobrezinho de Assis. Ele foi enterrado no dia 4 de outubro — data que ficou marcada como o seu dia para o calendário dos santos do catolicismo — na igreja de São Jorge. E em 6 de julho de 1228 já havia sido canonizado pelo papa Gregório IX. Apesar de todas essas honrarias, os restos mortais de Francisco, entretanto, passaram por caminhos tortos.

UM PEQUENO CORPO, UMA GRANDE SANTIDADE

A FAMA DOS MILAGRES realizados por Francisco já corria bem antes de sua morte. Por isso, alguns dias após o enterro, uma família levou até o túmulo uma menina que estava com o pescoço "monstruosamente dobrado e pregado no ombro de forma que só podia olhar de soslaio e para cima", como descreve Tomás de Celano. Segundo os textos da época, ela encostou por algum tempo a cabeça na sepultura e o membro voltou para o lugar correto de forma tão brusca que chegou a assustar a menina, que soltou um grito e saiu correndo, sentindo um misto de espanto e de gratidão.

Com a canonização, o papa Gregório IX lançou a pedra fundamental da nova basílica que leva o nome do santo. A partir daí, as informações sobre os restos mortais de Francisco começam a ficar desencontradas. Um dos responsáveis pela construção da basílica teria escondido o corpo na igreja, temendo invasões. Outras fontes, porém, atestam que o próprio Elias teria recebido notícias de que planejavam o roubo do cadáver, que era considerado uma preciosa relíquia milagrosa. Por isso, logo depois da morte do santo, Elias teria planejado esconder o seu corpo.

Entretanto, no início do século XIX, o papa Pio VII ordenou que o corpo de Francisco fosse procurado na basílica. Durante as buscas, debaixo de uma parte do piso, foram encontradas barras de ferro muito parecidas com as utilizadas para proteger os túmulos na época de Francisco. As escavações encontraram camadas de pedras e um pequeno túnel, onde estavam os restos mortais do santo. Ao seu redor, foram encontradas diversas marcas de pés e joelhos, o que indica que algumas pessoas não só sabiam onde estava o corpo do santo como rezavam junto a ele.

Quando o túmulo foi aberto, algumas curiosidades foram notadas:

- Uma pedra servia como apoio para a cabeça de Francisco;

- Doze moedas cobertas com fungos estavam espalhadas pelo chão. Depois de analisadas, descobriu-se que todas haviam sido cunhadas em prata e eram iguais às usadas em Assis entre 1181 e 1208;

- Contas de um rosário, que provavelmente havia sido colocado ali inteiro, mas se quebrara;

- Um anel de pedra cornalina, de cor avermelhada, com a figura da deusa Minerva, a divindade da sabedoria e das artes na mitologia romana, talhada em prata.

Surgiram diversas teorias sobre esses objetos, que logo em seguida foram retirados do túmulo de Francisco. A mais provável delas é aquela segundo a qual as moedas, os anéis e até o rosário eram oferendas de fiéis que visitaram a tumba secreta. Mas há também quem aposte que os objetos poderiam fazer parte de algum tipo de ritual pagão muito antigo.

O corpo de São Francisco foi transferido para um túmulo público, dentro da basílica. Em 1978, os ossos foram analisados para comprovar sua autenticidade de acordo com a época em que o santo viveu e a altura de Francisco. Descobriu-se que ele media aproximadamente 1,58m. O antigo túmulo foi restaurado ao longo de dois meses em 2004, reunindo especialistas em polimento de metais e em estruturas em pedra, e reaberto à visitação. Graças à tecnologia, o sepulcro pode ser visto, através de transmissão de vídeo ao vivo, no site www.sanfrancescopatronoditalia.it.

Sabedoria

Conhecido pela simplicidade de fala e pelos documentos enviados aos irmãos e pelos sermões diretos, Francisco deixou um vasto legado de frases de sabedoria, que falam sobre humildade, compaixão e fé e ainda hoje servem como um pequeno manual para uma vida mais plena e amorosa. A seguir, publicamos uma coletânea de algumas delas, todas extraídas de cartas e documentos deixados por ele.

"São verdadeiramente pacíficos os que, no meio de tudo quanto padecem neste mundo, se conservam em paz, interior e exteriormente."

"Onde há caridade e sabedoria, não há medo nem ignorância."

"Aqueles que injustamente nos causam problemas, nos xingam, nos desonram, causam dores, tormentos, martírios e mortes são nossos amigos, pois graças a eles teremos a vida eterna."

"Se fosses mais belo e mais rico que todos e até operasses maravilhas e afugentasses os demônios, tudo isso seria estranho a ti, nem te pertenceria, nem disso te poderias envaidecer."

"Bem-aventurado quem não diz na ausência do próximo coisa alguma que não possa dizer na sua presença sem lhe faltar a caridade."

"São mortos pela letra os que tão somente querem saber as palavras a fim de parecer mais sábios que os outros e poder adquirir grandes riquezas."

"Bem-aventurado o homem que suporta o seu próximo com suas fraquezas tanto quanto quisera ser suportado por ele se estivesse na mesma situação."

"Onde há paciência e humildade, não há ira nem perturbação."

O papa que escolheu Francisco

Em março de 2013, o argentino Jorge Mario Bergoglio foi escolhido papa da Igreja Católica, sucedendo Bento XVI, que abdicara ao posto. Ele foi o primeiro dos 266 papas a escolher o nome de Francisco. E um brasileiro teve participação importante nisso. Segundo conta o próprio papa, durante a eleição, ele estava ao lado do arcebispo de São Paulo, Cláudio Hummes, um amigo de longa data, de quem é bastante próximo, quando os votos chegaram a dois terços, o número necessário para que fosse eleito papa. Nesse momento, dom Cláudio abraçou e beijou o amigo, e lhe pediu para que jamais se esquecesse dos pobres. Imediatamente, o novo papa pensou em São Francisco de Assis, um homem da pobreza, um homem da paz. Algumas pessoas se perguntavam por que ele teria escolhido esse nome e especulavam se não seria por causa de Francesco Saverio, um jesuíta expulso das colônias espanholas, ou Francisco de Sales, o bispo de Gênova. Conhecido também por ser o primeiro jesuíta a ocupar o cargo. Alguns dias após a eleição, o papa explicou ao mundo a origem de seu nome. Além de fazer com que carregasse sempre junto a si a lembrança dos pobres, Jorge Mario também pensou na atitude pacifista de Francisco diante das guerras, no homem da paz, o homem que amou e protegeu a criação, a natureza, com a qual hoje temos uma relação que não é tão boa.

Em suas primeiras palavras públicas, Francisco afirmou que sua maior preocupação era com os mais pobres. Mais tarde, na 69ª Conferência Episcopal Italiana, em 2016, ele pediu que todos os padres saíssem às ruas e cuidassem dos pobres. Ainda fez uma cobrança aos bispos pedindo que abrissem mão dos bens e das propriedades. Ambos os pedidos estão diretamente relacionados a São Francisco e seu ideal de vida.

Outro ponto importante do papado de Francisco é sua relação com os animais e o meio ambiente. Na missa inaugural de seu pontificado, ele falou a respeito da relevância de seguir o exemplo de Francisco de Assis: respeitar todas as criaturas de Deus e o ambiente em que vivem.

Em cartas encíclicas, escreveu:

> *Temos um só coração, e as mesmas mazelas que nos levam a maltratar um animal logo se manifestarão no nosso relacionamento com outras pessoas. Todo ato de crueldade contra qualquer criatura é contrário à dignidade humana.*

Francisco é o exemplo por excelência do cuidado pelo que é frágil e de uma ecologia integral, vivida com alegria e autenticidade. É o santo padroeiro de todos os que estudam e trabalham no campo da ecologia, amado também por muitos que não são cristãos. Ele manifestou uma atenção particular pela criação de Deus e pelos mais pobres e abandonados. Amava e era amado por sua alegria, sua dedicação generosa e seu coração universal. Era um místico e um peregrino que vivia com simplicidade e numa maravilhosa harmonia com Deus, com os outros, com a natureza e consigo mesmo. Nele se nota até que ponto são inseparáveis a preocupação com a natureza, a justiça para com os pobres, o empenho da sociedade e a paz interior.*

---

* Cartas encíclicas do Vaticano, consultadas em 23 de janeiro de 2018 (http://w2.vatican.va/content/francesco/pt/encyclicals/documents/papa-francesco_20150524_enciclica-laudato-si.html).

Os passos de Francisco: um miniguia dos lugares importantes para o santo

COM TANTA HISTÓRIA BOA, com tantos lugares marcantes e com tanta fé envolvida, é claro que os locais importantes para Francisco se tornaram pontos de peregrinação.

Basílica de Santa Maria dos Anjos
Lembra da Porciúncula? A pequena e modesta igrejinha que Francisco reformou e, posteriormente, virou sede da Ordem? Pois bem, ela continua lá. A estrutura está mantida, curiosamente, dentro dessa grande basílica, construída entre 1569 e 1679. O restante dos prédios, infelizmente, não continua em pé. Na igrejinha, ele renunciou de vez a tudo, iniciou o movimento e, mais tarde, acabou morrendo, bem onde tudo começou. Uma placa mostra o local exato da morte do santo. É comum encontrar pombos brancos caminhando tranquilamente dentro da basílica.

Um dos locais mais sagrados é o jardim. Ali, está o que restou da floresta que havia nos arredores, onde Francisco conversava com os pássaros. Até hoje, ninhos são feitos pelos animais na estátua do santo mantida por lá. O lugar ficou conhecido como o Jardim das Rosas justamente por ter sido onde Francisco rolou nos espinhos. A cela onde ele passava noites rezando ou em penitência também continua ali.

Basílica de Assis
Essa é aquela mesma basílica sobre a qual já falamos aqui: a que foi construída depois da canonização do santo e onde o corpo foi encontrado. Em 1997, depois de fortes terremotos, ela ficou fechada por dois anos até o restauro ser concluído. Milhões de fiéis e peregrinos visitam o local todos os anos para rezar e agradecer por graças alcançadas no túmulo de São Francisco. Os afrescos e as obras de arte são outro motivo para se conhecer a basílica, além do jardim, que possui uma bela vista da cidade.

São Damião
É a primeira igreja que Francisco restaurou. Foi lá que o crucifixo falou a ele e também onde Clara morou, formou sua Ordem e ergueu o convento das Clarissas. O crucifixo que hoje fica em São Damião é uma cópia, mas quem pretende conhecer os passos do santo e de sua irmã, Clara, sempre inclui o local no roteiro.

Basílica de Santa Clara

E não há como passar pelos locais de Francisco sem visitar o famoso crucifixo que falou sobre a reconstrução da igreja. A cruz de São Damião hoje está na basílica de Santa Clara, templo erguido em homenagem à santa. Construída entre 1257 e 1265, é dividida em diversas áreas, como a capela de São Jorge, onde fica a cruz, protegida por vidros. Lá encontra-se também o corpo de Santa Clara. Em 1850, anos depois das buscas pelo corpo de Francisco, o túmulo de Clara também foi encontrado. Ao ser aberto, a surpresa do corpo considerado incorrupto: o semblante intacto, a pele que ainda recobria os ossos e a estrutura óssea perfeita. O braço esquerdo repousava sobre o peito e o direito estava estendido. Uma coroa feita em sua honra, assim como ramos de tomilho colocados em seu caixão, permaneciam conservados. O corpo em exposição na basílica, protegido por um relicário de vidro, também passou por uma restauração.

Eremo delle Carceri

Esse monte de oitocentos metros de altitude fica a cerca de cinco quilômetros de Assis. Era lá que São Francisco e seus seguidores se retiravam em oração. O local é cheio de natureza, bosques e grutas. Uma delas é aquela onde o santo se abrigava e realizava as suas orações. O teto é tão baixo que é necessário se curvar para entrar. São Francisco dormia no chão e ainda hoje pode-se ver a pedra que ele usava como travesseiro.

GRECCIO

Comuna próxima a Roma onde São Francisco montou o primeiro presépio. É um local que transborda história. Nos arredores da gruta onde Francisco rezou a missa de Natal, há diversas representações em esculturas e afrescos feitos posteriormente.

O caminho de São Francisco

Além de visitar os locais que marcaram a vida de Francisco, para quem pretende entender um pouco mais a fundo a história e a caminhada do pobrezinho de Assis, participar de uma peregrinação é considerada uma experiência transformadora. O caminho mais tradicional, percorrido tantas vezes por Francisco, principalmente no início de sua Ordem, tem cerca de 350 quilômetros e vai dos vilarejos de La Verna a Poggio Bustone. Algumas outras versões da experiência contam com distância um pouco menor. É uma caminhada considerada difícil, com muitas subidas e trilhas que exigem certa habilidade. É necessário também um planejamento, já que nem todo o caminho conta com conventos, mosteiros e outros locais que oferecem hospedagem, importantes para realizar refeições, tomar banho e dormir. A maior parte dos viajantes prefere seguir com a ajuda de guias. Os peregrinos seguem a letra tau, pintada em árvores, paredes e pedras ao longo do caminho.

A Oração pela paz

Uma das orações mais conhecidas e frequentemente atribuída a São Francisco, a Oração pela paz é, na verdade, de autor desconhecido. Até onde se tem notícia, foi publicada pela primeira vez em uma revista de pequena tiragem na França, em 1913. Entretanto, tornou-se popular apenas em 1916, ao ser publicada no jornal *L'Osservatore Romano*. Por se assemelhar, ainda que de forma resumida, aos ideais pregados por Francisco, a oração acabou fortemente ligada à imagem do santo e hoje é rezada para ele e por ele.

Senhor, fazei de mim um instrumento da Vossa paz.
Onde houver ódio, que eu leve o amor.
Onde houver ofensa, que eu leve o perdão.
Onde houver discórdia, que eu leve a união.
Onde houver dúvidas, que eu leve a fé.
Onde houver erro, que eu leve a verdade.
Onde houver desespero, que eu leve a esperança.
Onde houver tristeza, que eu leve a alegria.
Onde houver trevas, que eu leve a luz.
Ó Mestre, fazei que eu procure mais:
consolar, que ser consolado;
compreender, que ser compreendido;
amar, que ser amado.
Pois é dando que se recebe.
É perdoando que se é perdoado.
E é morrendo que se vive para a vida eterna.

Posfácio

Falar sobre Francisco, para mim, é algo muito natural. Desde pequeno, aquela imagem rodeada por animais me chamava a atenção. Lembro da primeira vez em que vi uma delas e quis saber o motivo dos pássaros. "Ele é amigo dos animais", me justificaram. Ali eu senti minha primeira conexão, afinal, um amigo dos animais só pode ser gente boa.

Fui crescendo e, curioso com a figura de Francisco, passei a pesquisar sobre sua vida. E a história dele, independentemente de religiões e de crenças, me fascinou. Um homem que largou tudo para viver um ideal é algo muito forte. Fato é que sua trajetória nos mostra que o importante mesmo é a fé. Não digo apenas uma fé no sentido religioso, pois Fé, no fim das contas, é acreditar, acreditar em um projeto, uma missão, uma mensagem, um sonho que nos move. E o que Francisco fez, a vida toda, foi acreditar, com certa inocência, até.

Ele teve momentos de dúvida? Claro. Decepções? Também. Sofreu perseguição e até, por que não dizer, bullying, o que o torna ainda mais humano. É um exemplo de vida.

Sim, tenho uma tatuagem dele em meu braço: nela, minha filha de quatro patas, Rita, está em seu colo. Abaixo, uma oração de Francisco criada por Rita Lee. Eu me sinto protegido e, mais do que isso, sinto admiração pelo homem que, ao morrer, entrou para a vida eterna com ideias admiradas e lembradas pela história.

Não, ele não se tornou conhecido por ser o jovem que gostaria de se tornar um herói de guerra, mas por ser um homem humilde, que viveu uma existência desprovida de luxos e desprendida da matéria, que se tornou um exemplo pelo profundo respeito que nutria pela humanidade e pelos irmãos animais. E a única arma que tinha era o amor.

Agradecimentos

Rita, já te citei na dedicatória, mas agradeço pelo brilhante texto do prefácio. Você, com certeza, é da turma de Francisco e um grande exemplo para a humanidade;
Mauro, pela confiança;
Toda essa turma boa da Globo Livros, especialmente Tamires e Luizão;
Ritinha, mãe, Gui, Miguel, Mamo, Bocão;
Todos os bichinhos com os quais já dividi minha vida: sem vocês, o mundo seria muito chatinho.

Bibliografia

Escritos de São Francisco

Admoestações
Bilhete a Frei Leão
Cântico ao irmão Sol
Carta a Santo Antônio de Pádua
Carta a Frei Leão
Carta a toda a Ordem dos Frades Menores
Carta aos governantes dos povos
Exortação ao Louvor de Deus
Paráfrase à Oração do Senhor
Forma de vida para as Irmãs de Santa Clara
Regra Bulada da Ordem
Regra Não Bulada da Ordem
Regra para os Eremitérios
Testamento
Última vontade escrita a Santa Clara

Outros textos e publicações

ARMSTRONG, Regis J. *Clare of Assisi – The Lady: Early Documents*. Hertfordshire: New City, 2006.

BIGI, Mariano. *O tau: um sinal, uma espiritualidade*. Petrópolis: Vozes, 2004.

BOAVENTURA, S. *Legenda maior e legenda menor: vida de São Francisco de Assis*. Petrópolis: Vozes, 1979.

BODO, Murray. *Francis: The Journey and the Dream*. Cincinnati: St. Anthony Messenger, 2012.

BROOKE, Rosalind B. *The Image of St. Francis: Responses to Sainthood in the Thirteenth Century*. Cambridge: Cambridge University, 2006.

CELANO, Tomás de. *A legenda de Santa Clara*. (autoria controversa)

CELANO, Tomás de. *A vida do beato Francisco*. (circa 1228)

CELANO, Tomás de. *Segunda vida de São Francisco de Assis*. (circa 1245)

CELANO, Tomás de. *Tratado dos milagres*. (circa 1257)

GONZÁLEZ, Justo L. *Historia del cristianismo*. Tomo I. Miami: Unilit, 1994.

SABATIER, Paul. *Life of St. Francis of Assisi*. Nova York: Book Jungle, 2008. (edição original datada de 1894).

Este livro foi composto na fonte Fairfield e
impresso em papel avena 80 g/m², na edigráfica.
Rio de Janeiro, outubro de 2018.